© Assimil 2014
ISBN 978-2-7005-0667-9
ISSN 2266-1158
Grafisch ontwerp: Atwazart

**Anthony Bulger**

Nederlandse bewerking door
**Carine Caljon**

B.P. 25
94431 Chennevières sur Marne cedex
France

Deze uitgave pretendeert geenszins een taalcursus te vervangen, maar als u wat tijd investeert in het lezen ervan en een paar zinnen leert, zult u snel kunnen communiceren. Zo wordt alles anders en doet u nieuwe ervaringen op.

**Een tip:** ga niet op zoek naar perfectie! Uw gesprekspartners zullen u mogelijke beginnersfoutjes graag vergeven. **Het belangrijkste is uw complexen opzij te zetten en te durven praten.**

# Deel I — INLEIDING — 9

**Hoe gebruikt men deze gids?** — 9
**Groot-Brittannië: feiten & cijfers** — 10
**Drie landen, één identiteit?** — 11
**Groot-Brittannië: historische gegevens** — 11
**De Engelse taal** — 12
**Engels leren** — 13

# Deel II — KENNISMAKING MET HET ENGELS — 15

**Dag 1 tot 21** — 15

# Deel III — CONVERSATIE — 57

**Eerste contact** — 57
- Begroetingen — 57
- Aansprekingen — 58
- Akkoord gaan of niet — 59
- Bedanken en zich excuseren — 59
- Vragen stellen — 59
- Lichaamstaal — 60
- Talen en erin begrepen worden — 60

**Mensen ontmoeten** — 61
- Elkaar ontmoeten — 61
- Zeggen waar men vandaan komt — 62
- Leeftijd — 64
- Familie — 64
- Werk en studies — 66
- Religie — 67

| | |
|---|---|
| Het weer | 68 |
| Gevoelens en meningen | 70 |
| Iemand uitnodigen | 70 |
| Afspreken | 71 |
| Liefde | 72 |

## Tijd, datum en feesten — 72

| | |
|---|---|
| Het uur | 72 |
| De datum | 75 |
| Tijdsaanduidingen en seizoenen | 76 |
| Feestdagen | 78 |

## Dringend hulp nodig — 79

| | |
|---|---|
| Hulpdiensten | 79 |

## Infoborden en afkortingen — 81

| | |
|---|---|
| Afkortingen | 82 |

## Reizen — 83

| | |
|---|---|
| Geldzaken | 84 |
| Met het vliegtuig | 84 |
| Met de trein | 86 |
| Met de bus | 88 |
| Met de taxi | 89 |
| Met een tweewieler | 89 |
| Met de boot en de ferry | 90 |
| Een auto huren | 91 |
| Met de auto | 92 |
| Verkeersborden | 94 |

## In de stad — 95

| | |
|---|---|
| De weg vinden | 95 |
| Metro, bus en tram | 98 |

| | |
|---|---|
| Een tentoonstelling, museum, enz. bezoeken | 98 |
| Bezienswaardigheden | 99 |
| Naar de bioscoop, het theater, een concert,... | 100 |
| 's Nachts | 101 |
| In het postkantoor | 102 |
| Telefoneren | 102 |
| Internet | 104 |
| Diefstal of verlies aangeven | 105 |
| In de bank | 106 |
| **Water- en andere sporten** | **107** |
| Kamperen | 109 |
| **Overnachten** | **110** |
| Een kamer reserveren | 111 |
| Aan de receptie | 112 |
| Ontbijten | 113 |
| Problemen | 115 |
| Afrekenen | 116 |
| **Eten en drinken** | **117** |
| In een restaurant | 118 |
| Specialiteiten en traditionele gerechten | 120 |
| Etenswaar | 122 |
| Een snelle hap | 126 |
| Bereidingswijzen | 127 |
| Alcoholische dranken en etiquette in de pub | 127 |
| Andere dranken | 129 |
| **Winkelen en souvenirs** | **130** |
| Winkels en diensten | 130 |
| Boeken, tijdschriften, kranten en papierwaren | 132 |

Wasserij en stomerij ... 133
Kleren en schoenen ... 134
Roken ... 137
Fotograferen ... 138
Boodschappen doen ... 139
Souvenirs en cadeautjes ... 141

**Professionele situaties** ... **142**
Een afspraak regelen ... 142
Een bedrijf bezoeken ... 143
Bedrijfstermen ... 144
Beurzen, salons en expo's ... 146

**Gezondheid** ... **147**
Bij de dokter en op de spoed ... 147
Symptomen ... 148
Pijn en lichaamsdelen ... 149
Bij de vrouwenarts ... 150
Medische zorgen ... 151
Bij de tandarts ... 152
Bij de opticien ... 153
In de apotheek ... 154

Deel IV     **THEMATISCHE INDEX**

# Inleiding

## ↗ **Hoe gebruikt men deze gids?**

### Het gedeelte "Kennismaking"

U kunt dagelijks een halfuurtje vrijmaken? Drie weken na elkaar? Begin dan met het gedeelte "Kennismaking", 21 mini-lessen die u zonder nodeloos ingewikkeld te zijn de basis van de Engelse omgangstaal bijbrengen, datgene wat u nodig hebt om te praten en te begrijpen:
- lees de tekst van de les van de dag, zeg dan zelf de zinnen met behulp van het klankschrift en raadpleeg de vertaling (wanneer de structuur afwijkt van het Nederlands geven we ze ook "woord voor woord" weer);
- lees daarna de grammaticale aanwijzingen: ze leggen u kort en bondig een paar structuren uit zodat u al snel zelf aan de slag kunt;
- maak de oefening, kijk na of u alles juist hebt… en u bent klaar voor de les van de volgende dag!

### Het gedeelte "Conversatie"

Voor alle courante situaties waarin u kunt terechtkomen tijdens uw reis, stelt het gedeelte "Conversatie" in deze gids u een volledige set hulpmiddelen ter beschikking: talrijke woorden en zinsstructuren, thematisch gerangschikt zodat u ze meteen in de juiste context gebruikt, telkens met de Nederlandse vertaling en in klankschrift om de uitspraak te vergemakkelijken. Zelfs zonder voorafgaande kennis van het Engels wordt u met deze gebruiks-klare "overlevingskit" een autonome reiziger!

## ↗ Groot-Brittannië: feiten & cijfers

| Oppervlakte | 243.610 km² |
|---|---|
| Bevolking (2012) | 63.047.160 inwoners |
| Hoofdstad (-steden)<br>　Schotland<br>　Wales | Londen (7,83 miljoen inwoners)<br>Edinburgh<br>Cardiff |
| Officiële taal<br>Officieel erkende streektalen | Engels<br>Cornisch, Schots, Schots Gaelic, Welsh |
| Munteenheid | Pond sterling (£, GBP) |
| Staatsvorm | Parlementaire democratie |
| Religies (belangrijkste) | christendom (anglicaans, katholiek, presbyteriaans, methodistisch) |

**The United Kingdom of Great Britain and Northern Ireland** *- het Verenigd Koninkrijk van Groot-Brittannië en Noord-Ierland* – de officiële titel – is samengesteld uit Engeland, Wales en Schotland, die **Great Britain** *- Groot-Brittannië* vormen. Het bevat ook de zes graafschappen van Noord-Ierland en honderden eilanden langs de kustlijnen. De term **the British Isles** *- de Britse Eilanden* verwijst naar de archipel die bestaat uit Groot-Brittannië, Ierland en de aangrenzende eilanden. In de omgangstaal spreekt men over **Britain** of **the UK**.

Groot-Brittannië (in dit boekje hebben we het wegens plaatsgebrek niet over Noord-Ierland) is onderverdeeld in zo'n 80 *graafschappen* (**counties**), ook wel **shires** genoemd. Er zijn ook zes **metropolitan counties** rond de grootste agglomeraties (waaronder Londen).

## ↗ Drie landen, één identiteit?

Engeland, Wales en Schotland hebben toch wel ieder een eigen identiteit. Hebben de Schotten het vaak over onafhankelijkheid, dan willen sommige Engelsen weer een nationaal parlement oprichten dat zich strikt genomen alleen met Engelse zaken zou bezighouden. Immers, sinds het einde van de jaren 1990 heeft de staat bepaalde machten overgedragen aan het **Scottish Parliament** (Schotland) en de **Welsh Assembly** (Wales).

Hierdoor is de vraag over het bestaan van een Britse identiteit een terugkerend thema geworden in het publieke debat, temeer daar Groot-Brittannië al lang resoluut voor multiculturaliteit gaat.

Dus, wat u ook doet, vermijd het een autochtoon "**English**" (*Engels*) te noemen zonder eerst naar zijn roots gevraagd te hebben! Bij twijfel gebruikt u **British**.

## ↗ Groot-Brittannië: historische gegevens

| 55 v.C. | Julius Caesar valt Groot-Brittannië binnen |
|---|---|
| 43-70. | Romeinse kolonisatie |
| 450-750 | opeenvolgende invallen door de Juten, Saksen en Angelen |
| 597 | evangelisatie door Sint-Augustinus die de eerste aartsbisschop van Canterbury wordt |
| 790-1040 | invallen door de Vikings |
| 1066 | Normandische invasie (Willem de Veroveraar) |
| 1321-22 | burgeroorlog |
| 1337 | koning Eduard eigent zich de Franse troon toe begin van de Honderdjarige Oorlog |
| 1455-1485 | burgeroorlog tussen de York en de Lancaster dynastieën (de Rozenoorlog) |

| 1536 | unie van Engeland en Wales |
|---|---|
| 1642-1651 | burgeroorlog; executie van Karel I, protectoraat van Cromwell |
| 1660 | herstel van de monarchie (Karel II) |
| 1707 | unie van Engeland en Schotland |
| 1780 | begin van de industriële revolutie |
| 1800 | unie met Ierland |
| 1837 | troonsbestijging van koningin Victoria |
| 1901 | dood van koningin Victoria |
| 1920 | onafhankelijkheid van Ierland |
| 1946-48 | oprichting van de welvaartsstaat (Welfare State) met een socialezekerheidsstelsel (National Insurance) en nationale gezondheidszorg (National Health Service) |
| 1952 | troonsbestijging van koningin Elizabeth II |
| 1973 | het Verenigd Koninkrijk treedt toe tot de Europese Gemeenschap |
| 1979 | Margaret Thatcher wordt de eerste vrouwelijke eerste minister |
| 1997 | Tony Blair wordt verkozen tot eerste minister |
| 1998 | ondertekening van het Goede Vrijdag-akkoord over een politieke oplossing voor de onlusten die al meer dan 30 jaar woeden in Noord-Ierland |
| 2007 | aftreden van Tony Blair, vervangen door Gordon Brown |
| 2010 | eerste coalitieregering (conservatieven/liberaal-democraten) sinds de Tweede Wereldoorlog |
| 2012 | Olympische Spelen in Londen |

## ↗ De Engelse taal

Als officiële taal van Groot-Brittannië (en semi-officiële lingua franca in de hele wereld) staat het Engels naast een vijftal streektalen die sinds zowat dertig jaar heropleven. (In Wales en in bepaalde Schotse regio's zijn verkeersborden tweetalig.)

De Engelse taal werd gevormd door een reeks invasies, eerst die van de Germaanse stammen (waaronder de Angelen, de oorsprong van het woord "**English**"), die de autochtonen en hun Keltische taal naar het uiterste noorden (Schotland) en westen (Wales) verdreven; dan die van de Romeinen, die het Latijn meebrachten; en ten slotte de Noormannen, die een voorloper van het Frans spraken. Eeuwenlang bestond er een soort linguïstische apartheid met, enerzijds, de adel en de voorname burgers die converseerden in Frans-Latijn en, anderzijds, de boeren die een Oudengels, een mengeling van Saksische en Keltische dialecten spraken. Beide talen evolueerden en convergeerden omstreeks de 14$^e$ eeuw tot het **Middle English** (*Middelengels*). Verrijkt met woordenschat uit de renaissance en de industriële technologie groeide dit verder uit tot het Engels van vandaag. Deze dubbele oorsprong is een heel belangrijke factor omdat hij resulteert in twee uitdrukkingsniveaus: een formele, geleerde taal samengesteld uit woorden van Latijnse oorsprong en een andere, gemoedelijker en alledaagser, met een Germaans-Saksische woordenschat. Zo heeft men het, bijvoorbeeld, in de politieke wetenschappen over de **monarch**, maar op straat over de **queen** (of **king**). U zult deze dualiteit snel merken, bijvoorbeeld bij het lezen van reclameslogans en, daarnaast, officiële documenten.

## ↗ Engels leren

Laten we beginnen met het goede nieuws: de basisgrammatica van het Engels is vrij eenvoudig! Geen verbuigingen, geen geslacht, niet al te veel werkwoordsvormen en een herkenbare zinsstructuur.
Waar zit 'm dan de moeilijkheid? In de uitspraak!
Het Engels bevat namelijk klanken die in het Nederlands niet voorkomen, bijv. de **a** in **bag** (*tas*) die tussen a en è klinkt [bæG]

of de **i** in **girl** (*meisje*) die tussen doffe e en de beginklank van ui ligt *[Gëël]*. Daarbij is het verband tussen de geschreven en gesproken versie ons niet altijd meteen duidelijk, bijv. **measure** *[mèzje] afmeting* of **enough** *[inüf] genoeg*...

Omdat de regels nogal ingewikkeld zijn, stellen we u voor om ons klankschrift te volgen. Dit is wat vereenvoudigd, geeft dus niet alle subtiliteiten die de Engelse taal rijk is weer, maar is vlot leesbaar en: men zal u zonder problemen begrijpen!

U zult merken dat één lettergreep heel nadrukkelijk uitgesproken wordt terwijl de andere lettergreep/lettergrepen afgezwakt of a.h.w. "ingeslikt" wordt/worden, bijv. in het woord **doctor** (*dokter*), waar de klemtoon op de eerste lettergreep valt en de tweede **o** verzwakt tot een doffe e *[dokte]*. Dit fenomeen valt nog meer op bij lange woorden, bijv. **comfortable** (*comfortabel*), ook met de klemtoon op de eerste lettergreep en dat kan klinken als *[kümftebl]*.

Tot slot nog iets over de klemtoon bij woorden in zinsverband: sommige woorden (voorzetsels, voornaamwoorden, enz.) kunnen, afhankelijk van hun plaats in de zin, anders uitgesproken worden, bijv.: **from** (*van*) als *[from]* op het einde van een zin, maar als *[frem]* in het midden; **it is** (het is) voluit als *[it iz]*, maar in de spreektaal vaak samengetrokken tot **it's** *[its]*, enz.

Meer uitleg over de uitspraak vindt u op de flap van dit boekje.


Klaar? Aan de slag!

# Kennismaking met het Engels

## ↗ Dag 1

### The car is at the airport
*De auto staat (is) op de luchthaven*

1. **the car**
   *DHe kââ*
   de auto

   **the boy**
   *DHe boj*
   de jongen

   **the girl**
   *DHe Gëël*
   het meisje

2. **the doctor**
   *DHe dokte*
   de dokter

3. **the airports**
   *DHi èepoots*
   de luchthavens


*Grammaticale opmerkingen*

Zelfstandige naamwoorden hebben geen geslacht (zo kan **a doctor** - *een vrouwelijke of een mannelijke dokter* zijn en **a singer** - *een zanger of zangeres*).

Naamwoorden die eindigen op een medeklinker vormen hun meervoud door toevoeging van een **-s** (**doctor → doctors**).

Het bepaald lidwoord is altijd **the**!

**Uitspraak:** De in het Nederlands niet voorkomende "**th**" kan op twee manieren uitgesproken worden: stemhebbend en stemloos.

Met **the** kunt u alvast de eerste inoefenen! Duw uw tong tegen uw bovenste voortanden en wel zo dat het puntje er onderuit steekt. Spreek nu de letter "d" uit.

Noteer meteen dat het lidwoord **the** als *[Dhe]* klinkt voor een medeklinker, maar als *[DHi]* voor een klinker.

### *Oefening – Vertaal de volgende zinnen*
**1.** De jongens en de meisjes.
**2. The car is at the airport.**
**3. The girl is a singer.**

### *Oplossing*
**1. The boys and the girls.**
**2.** De auto staat op de luchthaven.
**3.** Het meisje is een zangeres.

## Dag 2

### To be or not to be?
### *Zijn of niet zijn?*

1  **He is a man and she is a woman.**
   *hie iz e mæn ænd sjie iz e **woe**men*
   *Hij is een man en zij is een vrouw.*

2  **"To be or not to be"*: I am an actor.**
   *toe bie or not toe bie: aj æm en **æk**te*
   *"Zijn of niet zijn": ik ben* (een) *acteur.*

3  **We are Belgian, but they are English.**
   *wie ââ **bèl**dzen büt DHee ââr **ing**Glisj*
   *Wij zijn Belgen* (Belgisch), *maar zij zijn Engelsen* (Engels).

### *Grammaticale opmerkingen*

De infinitief van alle werkwoorden, behalve de modale, wordt voorafgegaan door **to**.

Het werkwoord **to be** - *zijn* heeft slechts drie vormen in de onvoltooid tegenwoordige tijd (o.t.t. - **present tense**):

| | |
|---|---|
| **I am** | *ik ben* |
| **he/she/it is** | *hij/zij/het is* |
| **we are** <br> **you are** <br> **they are** | *wij zijn* <br> *jij/u bent / jullie zijn* <br> *zij zijn* |

**You** komt dus overeen met *jij, je* en met *u* (enkelvoud en meervoud), maar ook met *jullie*! .

Het persoonlijk voornaamwoord **I** - *ik* wordt altijd met een hoofdletter geschreven.

Het onbepaald lidwoord is **a** *[e]* voor een medeklinker en **an** *[en]* voor een klinker.

**Uitspraak:**
Een eind-**n** wordt verbonden met de erop volgende klinker: **an actor** *[en**ak**te]*.
De beklemtoning is in het Engels zodanig dat een lettergreep in een woord sterk benadrukt wordt terwijl de andere lettergreep/-grepen verzwakt/verzwakken of zelfs "ingeslikt" wordt/worden. Zo valt in **actor** of **woman** de klemtoon op de eerste lettergreep en verzwakt de **o** resp. **a** tot een stomme e (weergegeven met *[e]*). Volg ons klankschrift!

\* Na nauwelijks twee dagen citeert u al Shakespeares beroemde uitdrukking uit *Hamlet* "**To be or not to be**". Bravo!

## *Oefening – Vertaal de volgende zinnen*
1. Het is Belgisch.
2. Zijn of niet zijn.
3. **She is a woman and he is a man.**
4. **The actors are English.**

## *Oplossing*
1. **It is Belgian.**
2. **To be or not to be.**
3. Zij is een vrouw en hij is een man.
4. De acteurs zijn Engels(en).

## ↗ Dag 3

### On holiday
### *Op vakantie*

1. **We're teachers on holiday.**
   wier **tiet**sjez on **ho**lidee
   *We zijn leraars op vakantie.*

2. **They're at the station in Edinburgh.**
   DHèr æt DHe **stee**sjen in **è**dinbre
   *Ze zijn in/aan/bij het station in Edinburgh.*

3. **I'm from London, she's from Leeds and you're obviously Dutch.**
   ajm frem **lün**den, sjiez frem liedz ænd joe ââr **ob**vjesli dütsj
   Ik'ben van Londen, zij'is van Leeds en jij/u/jullie'bent/zijn kennelijk/ duidelijk Nederlands.
   *Ik kom uit Londen, zij komt uit Leeds en jij/u bent / jullie zijn kennelijk Nederland(er)s.*

4. **Thank you very much.**
   THænk joe **vè**ri mütsj
   Dank je/u heel veel.
   *Dank je/u wel.*

### *Grammaticale opmerkingen*

In de omgangstaal wordt **to be** - *zijn* (net als de andere hulpwerkwoorden) "samengetrokken", d.w.z. dat een klinker wegvalt (en schriftelijk vervangen wordt door een apostrof):

| | | |
|---|---|---|
| I am | → | I'm |
| he is/she is/it is | → | he's/she's/it's |

| we are   |               | we're   |
|----------|---------------|---------|
| you are  | $\rightarrow$ | you're  |
| they are |               | they're |

Het samentrekken is geen grammaticale regel, maar een gebruik op eerder familiair taalniveau. **In dit boekje staan er weinig samengetrokken vormen omdat men makkelijker begrepen wordt als men alle woorden uitspreekt, ook al zullen uw gesprekspartners het niet nalaten; u vindt ze dus terug in zinnen die u mogelijk toegesproken worden.**

**Uitspraak:** Met **thank** kunnen we de stemloze **th** *[TH]* behandelen. Duw uw tong tegen uw bovenste voortanden, met het puntje dat er onderuit steekt, en spreek nu de letter "t" uit (i.p.v. "d" voor de stemhebbende **th**). De regels die bepalen welke klank bij welk woord horen, zijn te complex om hier uitgelegd te worden, dus vertrouw op ons klankschrift. (Weet evenwel dat **th** altijd stemloos is als woordeinde).

## *Oefening – Vertaal de volgende zinnen*
**1.** Ze staat/is in het station.
**2.** Dank je.
**3. You're obviously from London!**
**4. We're teachers.**

## *Oplossing*
**1.** She's at the station.
**2.** Thank you.
**3.** Je/U komt / Jullie komen duidelijk/kennelijk uit Londen!
**4.** We zijn leraars/leraressen.

## ↗ **Dag 4**

### **Two beers, please**
### *Twee biertjes, alstublieft*

1. **I have some matches.**
   *aj hæv süm **mæ**tsjiz*
   Ik heb (enige) *lucifers.*

2. **Two curries and two beers, please.**
   *toe **kü**riez ænd toe **bie**ez pliez*
   Twee curry's en twee biertjes (bieren), *alstublieft.*

3. **It is Friday already. I love Fridays!**
   *it iz **fraj**dee ool**rè**di aj lüv **fraj**deez*
   Het is Vrijdag al. Ik hou-van Vrijdagen!
   *Het is al vrijdag. Ik vind vrijdagen fantastisch!*

### *Grammaticale opmerkingen*

Het (hulp)werkwoord **to have** - *hebben* heeft slechts twee vormen in de o.t.t.: **has** in de 3$^e$ pers. ev. en **have** in alle andere.

| **I have** | *ik heb* |
|---|---|
| **we have** | *we hebben* |
| **you have** | *je/u hebt /* |
|  | *jullie hebben* |
| **they have** | *ze hebben* |
| **he/she/it has** | *hij/ze/het heeft* |

Naast **he** - *hij* en **she** - *zij, ze* (ev.) is er het onzijdige of onpersoonlijke **it** - *het*: **It is Friday.** - *Het is vrijdag.*

We weten al dat naamwoorden die uitgaan op een medeklinker hun meervoud vormen door toevoeging van **-s**; eindigen ze al op **-s** of op **-sh**, **-ch** of **-x** dan wordt nog een **-e-** ingelast: **matches** - *lucifers*, **boxes** - *dozen*. Bij naamwoorden die uitgaan op **-y** voorafgegaan door een medeklinker is de meervoudsvorm ook **-s** (**Fridays** - *vrijdagen*), die op **-y** voorafgegaan door een klinker eindigen in het meervoud op **-ies**: (**a curry, two curries**).

**Uitspraak:** De meervouds-**s** (**-es** en **-ies** inbegrepen) klinkt als een z, behalve na de zgn. "stemloze letters" (waarbij de stembanden dus niet trillen) **p**, **f**, **t** en **k**.

*Oefening – Vertaal de volgende zinnen*
1. Twee biertjes (bieren), alstublieft;
2. en een curry.
3. **It is a match.**
4. **We have curry on Fridays.**

*Oplossing*
1. **Two beers, please;**
2. **and a curry.**
3. Het is een lucifer.
4. We eten (hebben) curry op vrijdag/'s vrijdags.

## Dag 5

### Are you American?
### *Bent u Amerikaan(se)?*

**1** **Are you American? – No, I am not. I am English.**
*ââr joe e**mè**riken – noo aj æm not. aj æm **ing**Glisj*
*Bent u Amerikaan(se)? – Nee* (ik ben niet). *Ik ben Engels(e).*

**2** **Is it Friday? – No, it's Thursday.**
*iz it **fraj**dee – noo its **THëëz**dee*
*Is het vrijdag? – Nee, het is donderdag.*

**3** **A hot chocolate and two cold beers, please.**
   **– Sorry, we are closed.**
*e hot **tsjok**let ænd toe koold **bie**ez pliez – **so**rie wie ââ kloozd*
*Een warme chocolade[melk] en twee koude biertjes* (bieren), *alstublieft.*
*– Sorry, we zijn gesloten.*


### *Grammaticale opmerkingen*

De vragende vorm van **to be** wordt verkregen door inversie: **he is → is he?** enz.

Ontkennen is gemakkelijk: **not** na het werkwoord volstaat, bijv. **They are not Swiss.** - *Ze zijn niet/geen Zwitsers.*

In de omgangstaal beantwoorden Britten zelden een vraag met alleen **yes** - *ja* of **no** - *nee*, wat onbeleefd of nors overkomt; ze herhalen liever het werkwoord:
**– Are you French? – Yes I am.** - *Bent u Fransman/Franse. – Ja.*
**– Is he a teacher? – No he is not.** - *Is hij leraar. – Nee.*
Dit is een gewoonte, geen regel!

Bijvoeglijke naamwoorden zijn onveranderlijk en staan gewoonlijk voor het zelfstandig naamwoord dat ze beschrijven: **a hot chocolate**, **two cold beers**.

**Uitspraak:** U kunt een vraag stellen met een bevestigende zin waarbij de intonatie naar het einde toe stijgt, dus i.p.v. een dalende intonatie bij **You're closed.** ↘ - *Jullie zijn gesloten.* een stijgende: **You're closed?** ↗ - *Zijn jullie gesloten?*

## *Oefening – Vertaal de volgende zinnen*
1. Zijn ze Zwitsers? – Nee (ze zijn niet).
2. Is het vrijdag?
3. **Sorry, it is closed.**
4. **Two hot chocolates, please.**

## *Oplossing*
1. **Are they Swiss? – No, they are not.**
2. **Is it Friday?**
3. Sorry, het is gesloten.
4. Twee warme chocolademelk(en), alstublieft.

*Ziezo: na een dag of vijf kunt u al Engelse zinnen vormen – weliswaar eenvoudige, maar wel praktische zinnen! Vertrouw op het Assimil-principe: een (kleine) dagelijkse inzet voor een optimaal resultaat.*

## ↗ **Dag 6**

### **The ferry arrives at midnight**
### *De ferry komt aan om middernacht*

**1** **The ferry leaves at nine o'clock and arrives at midnight.**
   *DHe **fè**ri lievz æt najn e klok ænd e**rajvz** æt **mid**najt*
   *De ferry vertrekt om 9 uur en komt aan om middernacht.\**

**2** **I live in Brussels, but I work in Paris. – I love Paris!**
   *aj liv in **brü**selz büt aj wëëk in **pæ**ris – aj lüv **pæ**ris*
   *Ik woon (leef) in Brussel maar ik werk in Parijs.*
   *– Ik hou van Parijs!*

**3** **My job? I am a guide.**
   *maj dzjob. aj æm e Gajd*
   *Mijn job? Ik ben (een) gids.*

**4** **Please do my room after breakfast.**
   *pliez doe maj roem **ââf**te **brèk**fest*
   Alstublieft doe mijn kamer na ontbijt.
   *Breng/Brengt u/Brengen jullie na het ontbijt mijn kamer in orde, alstublieft.*

**5** **Help! I am hurt.**
   *hèlp. aj æm hëët*
   *Help! Ik ben gewond.*

### *Grammaticale opmerkingen*
Vervoegen in de o.t.t. is eenvoudig, nl. de infinitief zonder **to** bij alle personen behalve de 3$^e$ ev., waar **-s** toegevoegd wordt (of, volgens dezelfde regel als voor het meervoud, **-es** of **-ies**, zie Dag 4):

| I, we, you, they | work |
|---|---|
| he/she/it | works |

Met de infinitief zonder **to** wordt ook de imperatief gevormd: **Help!** - *Help/Helpt u/Helpen jullie!*, **Leave!** - *Vertrek/Vertrekt u/Vertrekken jullie!*

Naast **to be** en **to have** is **to do** een belangrijk werkwoord: het komt overeen met *doen* en *maken,* maar fungeert ook als hulpwerkwoord. De 3$^e$ pers. ev. is **does**. (Onthoud deze **-s** in de 3$^e$ pers. ev., want die komt u nog van pas…)

**Uitspraak:** terwijl **do** lang klinkt *[doe]*, valt de 3$^e$ pers. ev. **does** kort uit *[düz]*.

## Oefening – Vertaal de volgende zinnen
1. Bent u gewond? – Nee (ik ben niet).
2. Hij oefent drie jobs uit (doet).
3. **Two ferries leave at nine, but one arrives at midnight.**
4. **She lives and works in London.**

## Oplossing
1. Are you hurt? – No I am not.
2. He does three jobs.
3. Twee ferry's vertrekken om 9 [uur], maar één komt aan om middernacht.
4. Ze woont en werkt in Londen.

## ↗ **Dag 7**

# **He knows her**
## *Hij kent haar*

**1 I don't know London. Is it nice? – No, not really.**

*aj doont noow **lün**den. iz it najs – noo not **rie**li*

Ik doe-niet kennen Londen. ...

*Ik ken Londen niet. Is het leuk? – Nee, niet echt.*

**2 She does not know him but he knows her.**

*sjie düz not noow him büt hie noowz her*

Ze doet niet kennen hem ...

*Ze kent hem niet maar hij kent haar.*

**3 Do not help them. – Why not?**

*doe not hèlp DHem – waj not*

Doe niet helpen hen. ...

*Help hen niet. – Waarom niet?*

**4 Tell me if the bank is open.**

*tèl mie if DHe bænk iz **oo**pen*

*Zeg/Zegt u/Zeggen jullie me of de bank open is* (is open).

## *Grammaticale opmerkingen*

Dit zijn de persoonlijke voornaamwoorden als onderwerp en als lijdend voorwerp:

| I | ik | me | mij, me |
|---|---|---|---|
| **he** | hij | **him** | hem |
| **she** | zij, ze | **her** | haar |
| **it** | het | **it** | het |
| **we** | wij, we | **us** | ons |
| **you** | jij, je/u/jullie | **you** | jou, je/u/jullie |
| **they** | zij, ze | **them** | hen, ze |

Vandaag maken we ook kennis met de ontkennende vorm van gewone werkwoorden waarvoor (een vorm van) **to do** en **not** nodig zijn:
I know → I do not know
he/she/it works → he/she/it does* not work
we leave → we do not leave
you help → you do not help
they live → they do not live

* Let op wat er in de 3ᵉ pers. ev. gebeurt: **it closes → it does not close** (**to close** - *sluiten*) – de **-s** verschuift naar het hulpwerkwoord!

**Uitspraak:** De begin-**k** wordt niet uitgesproken als er een **n** op volgt, dus **know** - *weten, kennen* klinkt hetzelfde als **no** - *nee*: *[noo]*.

## *Oefening – Vertaal de volgende zinnen*
**1.** Waarom niet? – Ik weet [het] niet.
**2.** Is hij leuk? – Nee, niet echt.
**3. She does not love him but he loves her.**
**4. The bank does not close on Monday.**

## *Oplossing*
**1. Why not? – I do not know.**
**2. Is he nice? – No, not really.**
**3.** Ze houdt niet van hem maar hij houdt van haar.
**4.** De bank sluit niet op maandag/'s maandags.

## ↗ **Dag 8**

### **Do you speak Dutch?**
### *Spreekt u Nederlands?*

**1  Does this train go to Leicester? – I don't know.**
*düz DHis treen Goo toe **lès**te – aj doont noow*
Doet deze trein gaan naar Leicester? - Ik doe-niet weten.
*Gaat/Rijdt deze trein naar Leicester? – Ik weet het niet.*

**2  Do you speak Dutch? – Yes, I do.**
*doe joe spiek dütsj – jès aj doe*
Doet jij/u spreken Nederlands? - Ja, ik doe.
*Spreek je/Spreekt u Nederlands? – Ja.*

**3  Are the shops open on Sunday? – I think so.**
*ââ DHe sjops **oo**pen on **sün**dee – aj THink soo*
*Zijn de winkels open op zondag? – Ik denk het wel (zo).*

**4  Does it rain a lot in England? – No, it doesn't.**
*düz it reen e lot in **ing**Glend – noo it **dü**zent*
Doet het regenen een "boel, pak" in Engeland? - Nee, het doet-niet.
*Regent het veel in Engeland? – Nee.*

### *Grammaticale opmerkingen*

Ook voor de vragende vorm van gewone werkwoorden maken we gebruik van **do** voor alle personen (**you know London → do you know London?**) behalve de 3ᵉ pers. ev. (**it clos<u>es</u> on Monday → do<u>es</u> it close on Monday?**).
Een **do/does**-vraag beantwoorden, gebeurt op dezelfde manier als bij **am/is/are**, dus door het hulpwerkwoord te herhalen: **Do you like beer?** (Lust je/u bier?) – **Yes I do.** (Ja.) of **No I do not.** (Nee.)
De ontkenning **do not / does not** kan samengetrokken worden tot **don't/doesn't**.

Onthoud de formule **I think so / I don't think so** - *Ik denk het (wel) / Ik denk het/van niet*.

**Uitspraak: Don't** klinkt als één lange lettergreep *[doont]* en in **doesn't** ligt de klemtoon vooraan *[dŭzent]*.

## *Oefening – Vertaal de volgende zinnen*
1. Opent deze winkel op donderdag?
2. Lust je bier/Vind je bier lekker/Drink je graag bier? – Nee.
3. **This train goes to Leicester.**
4. **Are you Dutch or do you speak Dutch?**
   – **No I am not and no I do not.**

## *Oplossing*
1. **Does this shop open on Thursday?**
2. **Do you like beer? – No, I don't.**
3. Deze trein gaat/rijdt naar Leicester.
4. Ben je/Bent u Nederlander/Nederlandse of spreek je/spreekt u Nederlands?
   – Nee ([dat] ben ik niet) en nee (ik spreek [het] niet).

## ↗ **Dag 9**

### **Your luggage is in your room**
### *Uw bagage is in uw kamer*

1. **Our hotel is in the city centre.**
   *a*we hoo**tèl** iz in DHe **si**tie **sèn**te
   Ons hotel is/ligt in het stadscentrum (stad centrum).

2. **Your luggage is in your room.**
   *jor lü*Gidzj iz in jor roem
   Je/Uw/Jullie bagage is/staat in je/uw/jullie kamer.

3. **My passport is in my coat pocket.**
   *maj* **pââs**poot iz in maj koot **po**kit
   Mijn paspoort is/zit in mijn jaszak (jas/mantel zak).

4. **Has she got her car keys? – No, she uses his car.**
   *hæz sjie Got hë kââ kiez – noo sjie* **joe***ziz hiz kââ*
   Heeft ze (zie p. 32) haar auto sleutels? ...
   *Heeft ze haar autosleutels?–Nee, ze gebruikt zijn auto.*

### *Grammaticale opmerkingen*
Dit zijn de bezittelijke voornaamwoorden:

| my | mijn |
| your | jouw, je/uw/jullie |
| his | zijn |
| her | haar |
| its | zijn (bij een 'onzijdige eigenaar') |
| our | onze, ons |
| their | hun |

In de 3ᵉ pers. ev. is er dus niet alleen een bezittelijk voornaamwoord mannelijk en vrouwelijk, maar ook onzijdig: **her keys** - *haar sleutels,* **his passport** - *zijn paspoort* en **its centre** - *zijn/haar centrum* (bijv. van een stad).

Het werkwoord **to get** heeft heel wat betekenissen, o.a.: **get me a coffee** - *haal me een koffie*; **how do I get to the city?** - *hoe bereik ik /ga ik naar / geraak/kom ik in de stad?* Wanneer het voltooid deelwoord **got** gebruikt wordt met het hulpwerkwoord **to have** drukt het bezit uit: **Do you have a car?** → **Have you got a car?** Beide constructies betekenen hetzelfde, maar die met **get/got** is gemeenzamer.

## *Oefening – Vertaal de volgende zinnen*
**1.** Heb je je sleutels? – Ja, in mijn jaszak.
**2.** Onze bagage staat in hun kamer.
**3. His passport is in his pocket, and her passport is in their room.**
**4. Your hotel is in the city centre.**

## *Oplossing*
**1. Have you got your keys? – Yes, in my coat pocket.**
**2. Our luggage is in their room.**
**3.** Zijn paspoort zit in zijn zak en haar paspoort ligt in hun kamer.
**4.** Jouw/Uw/Jullie hotel ligt in het stadscentrum.

## ↗ **Dag 10**

(Inmiddels weet u dat **you** overeenkomt met *jij/je*, *u* en *jullie*. Voortaan beperken we ons in onze vertalingen tot de beleefdheidsvorm.)

### Where is the bus station?
*Waar is het busstation?*

1 **Excuse me, where is the bus station?**
   èks**kjoez** mie wèr iz DHe büs **stee**sjen
   *Excuseert u me, waar is het busstation* (bus station)*?*

2 **When does the next train for Plymouth leave?**
   wèn düz DHe nèkst treen fo **pli**meTH liev
   Wanneer doet de volgende trein voor Plymouth vertrekken?
   *Wanneer vertrekt de volgende trein naar Plymouth?*

3 **Why is this coat so expensive?**
   waj iz DHis koot soo iks**pèn**siv
   *Waarom is deze mantel/jas zo duur?*

4 **Who is that man over there?**
   hoe iz DHæt mæn **oo**ve **DH**èe
   *Wie is die man ginder/daarginds* (voorbij daar)*?*

5 **What is your name?**
   wot iz jo neem
   *Wat is uw naam?*

### *Grammaticale opmerkingen*
We weten dat de meeste vragen gevormd worden met een hulpwerkwoord (**be**, **have**, **do**) + het onderwerp + het hoofdwerkwoord (**Do you like your name?** - *Vindt u uw naam mooi?*).

Vraagzinnen kunnen ook gevormd worden met een vraagwoord. Ziehier de meest gebruikte:

| what | *wat*, soms *welk(e)* |
|------|------------------------|
| when | *wanneer* |
| where | *waar* |
| which | *welk(e)* |
| who | *wie* |
| why | *waarom* |

De aanwijzende voornaamwoorden zijn:
**this** - *deze, dit* voor iemand/iets dichtbij en **that** - *die, dat* voor wie/wat verwijderd is van de spreker (☞ **this bus**, ☞ **that train**); het meervoud is **these** - *deze* en **those** - *die*.

**Uitspraak:** In de beginklank wh- is de **h** niet hoorbaar (**why** → *[waj]*), maar bij **who-** is alleen de **h** hoorbaar (**who** *[hoe]*, **whose** *[hoez]* - *wiens*)!

## *Oefening – Vertaal de volgende zinnen*
1. Deze mantel ist duur maar die (ene is) niet.
2. Waar staat zijn auto? – Ginder/Daarginds.
3. **What is the name of your hotel?**
4. **When is the next bus to Oxford?**

## *Oplossing*
1. **This coat is expensive but that one is not.**
2. **Where is his car? – Over there.**
3. Wat is de naam van uw hotel?
4. Wanneer vertrekt (is) de volgende bus naar Oxford?

## Dag 11

### How are you?
### *Hoe maakt u het?*

**1  How are you?**
*haw ââr joe*
Hoe maakt u het (bent u)?

**2  How's his friend?**
*hawz hiz frènd*
Hoe gaat het met (is) *zijn vriend(in)?*

**3  How do you say "ticket office" in Dutch?**
*haw doe joe see **ti**kit **o**fis in dütsj*
Hoe doet u zeggen "ticket kantoor" in Nederlands?
*Hoe zegt u "ticket office" (= loket) in het Nederlands?*

**4  How much does this book cost?**
*haw mütsj düz DHis boek kost*
hoe veel doet dit boek kosten?
*Hoeveel kost dit boek?*

**5  How many pennies are there in a pound?**
*haw **mè**ni **pè**niez ââ DHèr in e paund*
*Hoeveel penny's zitten* (zijn) *er in een pond?*

### Grammaticale opmerkingen

Nog een handig vraagwoord: **how** - *hoe.* U kunt er, bijv., mee vragen **How are you?** (Hoe bent u?) - *Hoe maakt u het / gaat het met u?*

Als het om hoeveelheden gaat, maakt het Engels een onderscheid tussen "telbaar" (wat men kan (op)tellen, zoals 2 bussen of 4 treinen) en "ontelbaar". Dit verschil is o.a. van belang bij een vraagstelling: **How many cars?** (*Hoeveel wagens?*: telbaar → **many**) maar **How much money?** (*Hoeveel geld?*: ontelbaar, want men zegt niet 1 geld of 2 gelden → **much**), vandaar ook **How much does ... cost?** - *Hoeveel kost ... ?*

**Uitspraak:** U heb wellicht gemerkt dat we de samengetrokken vorm **how's** gebruiken, maar niet bij **how are**, gewoon omdat **how're** niet vlot uit te spreken is! Samentrekkingen ontstaan spontaan.

## *Oefening – Vertaal de volgende zinnen*
1. Hoe maakt Sheila het? En hoe gaat het met haar vriend(in)?
2. Hoe weet u waar ze woont?
3. **How much is that book?**
4. **How many friends has he got on Facebook?**

## *Oplossing*
1. **How is Sheila? And how's her friend?**
2. **How do you know where she lives?**
3. Hoeveel kost (is) dat boek?
4. Hoeveel vrienden heeft hij op Facebook?

## ↗ **Dag 12**

### **My parents' favourite restaurant**
### *Het lievelingsrestaurant van mijn ouders*

1  **Whose is this passport? Does it belong to Steve?**
   *hoez iz DHis pââspoot – düz it bilong toe stiev*
   Wiens is dit pasoort? Doet het toebehoren aan Steve?
   *Van wie is dit paspoort? – Is het van Steve?*

2  **No, it's mine. That one is Steve's passport.**
   *noo its majn. DHæt wün iz stievz pââspoot*
   Nee, het-is mijne. Dat ene is Steve-zijn paspoort.
   *Nee, het is het mijne. Dat is Steves paspoort.*

3  **This is my parents' favourite restaurant. It's called Mario's.**
   *DHis iz maj pèrents feevrit rèstront. its koold mariooz*
   Dit is mijn ouders-hun lievelings- restaurant. Het-is genaamd Mario-zijn.
   *Dit is het lievelingsrestaurant van mijn ouders. Het heet Bij Mario.*

4  **Mario's Italian, I suppose?**
   *mariooz itæljen aj sëpooz*
   Mario-is Italiaan, Ik veronderstel?
   *Mario is Italiaan veronderstel ik?*

5  **No, his real name's Fred!**
   *noo hiz riel neemz frèd*
   *Nee, zijn echte naam is Fred!*

### *Grammaticale opmerkingen*

**Whose...?** (onveranderlijk) - *wiens, wier, van wie?*, normaal gevolgd door het hulpwerkwoord **to be**: **Whose is this?** / **Whose are these/those?** - *Wan wie is deze/dit? / Van wie zijn deze?*

(U weet nog dat **these** en **those** de meervoudsvormen zijn van **this** resp. **that** – Dag 10).

Om bezit uit te drukken, wordt de genitief gebruikt. Om *het paspoort van Steve* te vertalen, gebruikt men i.p.v. "**the passport of Steve**" de structuur 'eigenaar' met **'s** erachter + 'eigendom': **Steve's passport**. Staat de 'eigendom' in het meervoud, dan volstaat een apostrof erachter: **my parents' restaurant**. Nog een voorbeeld: *het restaurant van Steve* - **Steve's restaurant** - *Steves restaurant*.
(De genitief komt vaak voor in handelsnamen, vooral van restaurants: **Mario's Restaurant** of meestal kortweg **Mario's** waar wij *Bij Mario* zeggen.)

Let op: verwar de genitief**-'s** niet met de samentrekking van **is** (**Mario is Italian → Mario's Italian**)! Nog een reden waarom we in deze gids maar weinig samengetrokken vormen gebruiken...


*Oefening – Vertaal de volgende zinnen*
1. Van wie is deze mantel?
2. Bij Mario is het lievelingsrestaurant van mijn ouders.
3. **Whose are those passports?**
4. **Is that Steve's passport? – No, it's mine.**

*Oplossing*
1. **Whose is this coat?**
2. **Mario's is my parents' favourite restaurant.**
3. Van wie zijn die paspoorten?
4. Is dat Steves paspoort/het paspoort van Steve? – Nee, het is het mijne.

## ↗ **Dag 13**

### I don't want any
### *Ik wil er geen*

1. **I want some coffee.**
   *aj wont süm **ko**fie*
   Ik wil (wat) *koffie*.

2. **I don't have any coffee today, but I have some tea.**
   *aj doont hæv **è**ni **ko**fie te**dee** büt aj hæv süm tie*
   Ik doe-niet hebben "wat" koffie vandaag, maar Ik heb "wat" thee.
   *Ik heb geen koffie vandaag, maar ik heb thee.*

3. **No thanks, I don't want any.**
   *noo THænks aj doont wont **è**ni*
   Nee, bedankt, Ik doe-niet willen "wat".
   *Nee, bedankt. Ik wil er geen.*

4. **Where can I find a café?**
   *wèe kæn aj fajnd e **kæ**fee*
   *Waar kan ik een café vinden* (vinden een café) ?

5. **There aren't any cafés near here.**
   *DHèr âânt **è**ni **kæ**feez **nie**e **hie**e*
   Er zijn-niet "wat" cafés dichtbij hier.
   *Er zijn geen cafés hier dichtbij.*

## *Grammaticale opmerkingen*

Nog een heel belangrijk duo: **some** en **any** die een onbepaalde hoeveelheid uitdrukken. **Some** wordt gebruikt in een bevestigende zin: **I have some English money.** - *Ik heb Engels geld* (hoeveel is niet geweten); **any** is van toepassing in een ontkennende zin: **We don't have any coffee.** - *We hebben geen koffie*.

En alweer een nieuw (hulp)werkwoord: **can** - *kunnen!* Gelukkig heeft **can** maar één vorm in de o.t.t. (en geen infinitief):

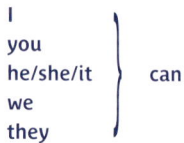

Volgt op **can** een werkwoord, dan staat dit in de infinitief zonder **to**: **you can find** - *u kunt vinden*.

## *Oefening – Vertaal de volgende zinnen*
1. We hebben geen Engels geld.
2. Er zijn geen bussen vandaag.
3. **He wants some coffee.**
4. **But he doesn't want any tea.**

## *Oplossing*
1. **We don't have any English money.**
2. **There aren't any buses today.**
3. Hij wil koffie.
4. Maar hij wil geen thee.

## ⤻ **Dag 14**

### Have you got any English money?
### *Hebt u Engels geld?*

**1  Do you have any aspirin?**
*doe joe hæv èni æsprin*
Doet u hebben "wat" aspirine?
*Hebt u aspirine?*

**2  No I haven't. I must buy some.**
*noo aj hævent. aj müst baj süm*
Nee, Ik heb-niet; Ik moet kopen "wat".
*Nee, ik heb er geen. Ik moet er kopen.*

**3  Excuse me, have you got some mineral water?**
*èkskjoez mie hæv joe Got süm minerel woote*
... hebt u (zie p. 32) "wat" mineraal water?
*Excuseert u me, hebt u mineraalwater?*

**4  Does anybody here speak Dutch?**
*dëz ènibodie hiee spiek dütsj*
Doet iemand(ontk.) hier spreken Nederlands?
*Spreekt iemand hier Nederlands?*

**5  I think there's someone in the tourist office.**
*aj THink DHèrz sümwün in DHe toerist ofis*
Ik denk er-is iemand in het toerist kantoor.
*Ik denk dat er iemand in het toerismebureau/VVV-kantoor is.*

### *Grammaticale opmerkingen*

Meer over **some, any** en hun afleidingen:
Er zit een kleine nuance tussen **Do you have any...** en **Do you have some**...: bij het eerste weet men niet of de persoon met

"ja" of "nee" zal antwoorden, maar bij het tweede verwacht men een positief antwoord (bijv., u kunt de vraag **Do you have / Have you got some mineral water?** stellen in een restaurant waar, logisch gezien, het antwoord "ja" zal zijn). In de praktijk zal niemand het u kwalijk nemen als u deze vormen door elkaar haalt!

Deze regels gelden ook voor **somebody** en **anybody** - *iemand* (**a body** = *een lichaam*). In zin 4 stellen we de vraag **Does anyone speak Dutch?** omdat men niet weet of er een Nederlandssprekende is, terwijl de bevestigende zin **I think there is someone** doet vermoeden dat er inderdaad iemand is.

En dan nog een belangrijk (hulp)werkwoord: **must** - *moeten*. Net als **can** heeft **must** maar één vorm in de o.t.t., geen infinitief en staat het erop volgende woord in de infinitief zonder **to**.

## *Oefening – Vertaal de volgende zinnen*
1. We moeten mineraalwater kopen.
2. Hebt u Engels geld? – Nee.
3. I think somebody in the tourist office speaks Dutch.
4. Does anyone have any aspirin?

## *Oplossing*
1. **We must buy some mineral water.**
2. **Have you got any English money? – No I haven't.**
3. Ik denk dat iemand in het toerismebureau Nederlands spreekt.
4. Heeft iemand aspirine?

*In twee weken hebt u de meeste typisch Engelse wendingen geassimileerd, dus geven we verder alleen nog de letterlijke vertaling bij nieuwe, van het Nederlands afwijkende structuren of om u te wijzen op een constructie.*

## Dag 15

### The train is slower than the plane
*De trein is langzamer dan het vliegtuig*

1 **What is the fastest way to get to Scotland?**
   *wot iz DHe **fââ**stest wee toe Gèt toe **skot**lend*
   Wat is de snelste manier om naar Schotland te gaan (om-te gaan naar Schotland)?

2 **The train is slower than the plane but it's nicer.**
   *DHe treen iz **sloo**we DHæn DHe pleen büt its **naj**se*
   De trein is trager dan het vliegtuig, maar het is aangenamer.

3 **What's the most interesting place in Edinburgh?**
   *wots DHe moost **in**trèsting plees in **èd**inbre*
   Wat is de meest interessante/interessantste plaats in Edinburgh?

4 **The castle is more interesting than the cathedral.**
   *DHe **kââ**sel iz mor **in**trèsting DHæn DHe ke**THie**drel*
   Het kasteel is interessanter (meer interessant) dan de kathedraal.

5 **And the best view is from Carlton Hill.**
   *ænd DHe bèst vjoew iz frem **kââl**ten hil*
   En het beste (uit)zicht is vanaf/vanop Carlton Hill (heuvel).

### *Grammaticale opmerkingen*

Bij het vormen van de comparatief en de superlatief wordt een onderscheid gemaakt tussen korte (doorgaans één lettergreep) en lange bijvoeglijke naamwoorden.
Korte adjectieven krijgen **-er** toegevoegd in de comparatief en **-est** in de superlatief: **slow** (*traag, langzaam*) → **slower** → **slowest**, **fast** (*snel, vlug*) → **faster** → **fastest**.

De comparatief staat met **than** - *dan*: **slower than** - *trager dan* en de superlatief wordt voorafgegaan door het bepaald lidwoord: **the slowest** - *de/het traagst(e)*.

Eindigt een kort adjectief op één medeklinker voorafgegaan door één klinker, dan wordt de medeklinker verdubbeld: **big** (*groot*) → **bigger** (**than**) → (**the**) **biggest**.

Eindigt het adjectief al op **-e**, dan volstaat toevoeging van **-r** en **-st**: **late** (*laat*) → **later** → **latest**.

Langere adjectieven veranderen niet, maar worden voorafgegaan door **more** (*meer*) voor de comparatief en **most** (*meest*) voor de superlatief: **interesting** (*interessant*) → **more interesting** (**than**); (**the**) **most interesting**.

En, zoals in het Nederlands, zijn er onregelmatige vormen met als belangrijkste:
**good** (*goed*) → **better** (**than**) → (**the**) **best**
**bad** (*slecht*) → **worse** (**than**) - *slechter (dan)* → (**the**) **worst** - *(de/het) slechtst(e)*.


## *Oefening – Vertaal de volgende zinnen*
1. De trein is comfortabeler dan het vliegtuig.
2. Maar het (uit)zicht vanuit het vliegtuig is beter.
3. **The worst place in Edinburgh is the zoo!**
4. **What is the most interesting guide book?**

## *Oplossing*
1. **The train is more comfortable than the plane.**
2. **But the view from the plane is better.**
3. De slechtste/ergste plaats in Edinburgh is de zoo!
4. Wat is de interessantste reisgids (gidsboek)?

## ↗ **Dag 16**

### **It's raining**
### *Het regent*

**1 Excuse me, I'm looking for the British Museum.**
*èkskjoez mie aj ajm loeking fo DHe britisj mjoezieem*
Excuseert u me, ik zoek (ben zoekend voor) *het British Museum.*

**2 Take the Tube to Russell Square. Why are you waiting?**
*teek DHe tjoeb toe rüsel skwèe. waj ââr joe weeting*
Neem de metro tot [aan] Russell Square. Waarom wacht u (bent u wachtend)?

**3 Because it's raining.**
*bikoz its reening*
Omdat het regent (is regenend).

**4 Of course, it always rains in England in April.**
*ev kooes it oolweez reenz in ingGlend in eeprel*
Natuurlijk, het regent altijd (altijd regent) *in Engeland in april.*

**5 Where do you live?**
*wèe doe joe liv*
Waar woont u?

**6 I live in Brussels but I'm studying in Amsterdam.**
*aj liv in brüsels büt ajm stüdi-ing in æmstedæm*
Ik woon in Brussel, maar ik studeer (ben studerend) *in Amsterdam.*

### *Grammaticale opmerkingen*
Voor elke tijd zijn er twee vormen:

- de enkelvoudige (**simple**), die we al kennen, voor handelingen of gebeurtenissen die 'gewoonlijk' plaatsvinden;

- de progressieve (**continuous**) voor iets dat aan de gang is op het moment dat men het erover heeft en die is opgebouwd uit een vorm van het hulpwerkwoord **to be** + het onvoltooid deelwoord (dat eindigt op **-ing**) van het hoofdwerkwoord.

Voorbeelden van de "voortdurende tegenwoordige tijd":

| I | am | working |
|---|---|---|
| he/she/it | is | working |
| we/you/they | are | working |

**It's raining.** - *Het regent/is aan het regenen.*; **I'm looking for...** - *Ik zoek/ben op zoek naar...*

Vergelijk: **I live in Paris** (*Ik woon gewoonlijk in Parijs*) **but I'm studying in Geneva** (*maar ik studeer momenteel in Genève.*)

De ontkennende en de vraagvorm:

**It is not raining.** - *Het regent (momenteel) niet.*
**Are you studying in Geneva?** - *Studeert u in Genève?*

## *Oefening – Vertaal de volgende zinnen*

1. Waarom studeert u *(momenteel)* Engels?
2. Excuseert u me, ik zoek/ben op zoek naar een metrostation.
3. **It doesn't always rain in London in August.**
4. **I am waiting for the bus.**

## *Oplossing*

1. **Why are you studying English?**
2. **Excuse me, I'm looking for a Tube station.**
3. Het regent niet altijd in Londen in augustus.
4. Ik wacht/sta te wachten op de bus.

## ↗ Dag 17

## Can you help me?
### *Kunt u me helpen?*

**1 Can you help me?**
*kan joe hèlp mie*
Kunt u me helpen (helpen me)?

**2 I'm trying to find the Pound Saver shop, but I can't.**
*ajm **traj**ing toe fajnd DHe paund **seev**e sjop büt aj kâânt*
Ik-ben trachtend om-te vinden de Pond Bespaarder winkel, maar Ik kan-niet.
*Ik probeeer de Pound Saver-winkel te vinden, maar het lukt niet.*

**3 I must get there before eight o'clock because it closes.**
*aj müst Gèt DHèe biefor eet o**klok** bi**koz** it **kloo**ziz*
Ik moet er zijn (geraken er) *voor 8 uur omdat hij (het) sluit.*

**4 And I must not miss the sale.**
*ænd aj müst not mis DHe seel*
En Ik moet niet missen de verkoop.
*En ik mag de uitverkoop/koopjes niet missen.*

**5 Pound Saver is less expensive than a supermarket.**
*paund **seev**er iz lès iks**pèns**iv DHæn e **soep**emââkit*
*Pound Saver is minder duur dan een supermarkt.*

**6 In fact it's the least expensive shop in the city.**
*in fækt its DHe liest iks**pèns**iv sjop in DHe **si**tie*
*Eigenlijk (In feite) is het de minst dure winkel in de stad.*

### *Grammaticale opmerkingen*
Hier zijn **can** en **must** weer, die geen infinitief hebben, dezelfde vorm aannemen bij alle personen en geen verleden tijdsvorm kennen. Zoals bij modale werkwoorden staat het erop volgende

werkwoord in de infinitif (zonder **to**): **We must go.** - *We moeten gaan/vertrekken.*; **They can help.** - *Ze kunnen helpen.*
De ontkennende vorm is **cannot** (in één woord) en **must not** (twee woorden) die in mondeling taalgebruik samengetrokken wordt tot **can't** en **mustn't**.
**Can** drukt het feit iets te 'kunnen' uit: **Can you help me?** - *Kunt u me helpen?* – **I can't.** - *Ik kan niet, het lukt me niet.*
**Must** geeft een verplichting weer: **We must be at the airport at ten o'clock.** - *We moeten op de luchthaven zijn om 10 uur.* (Met **not** erbij betekent het ook *niet mogen* - zie zin 4.)

**Less** (**than**) - *minder (dan)* en **the least** - *de/het minst*: **Pound Saver is less expensive than Smith's. It's the least expensive shop in the city.**

## Oefening – Vertaal de volgende zinnen
1. Kunt u me helpen een supermarkt te vinden?
2. We mogen niet [te] laat zijn. De winkel sluit om 8 uur.
3. **The plane is less comfortable than the train.**
4. **Which is the least expensive hotel?**

## Oplossing
1. **Can you help me find a supermarket?**
2. **We mustn't be late. The shop closes at eight o'clock.**
3. Het vliegtuig is minder comfortabel dan de trein.
4. Welk is het minst dure hotel?

## ↗ **Dag 18**

### **I was so angry**
### *Ik was zo boos*

**1** **I called the airline to change our booking.**
*aj koold DHi èelajn toe tsjeendzj awe boeking*
Ik belde/riep de luchtlijn om-te wijzigen onze boeking.
*Ik heb de luchtvaartmaatschappij gebeld om onze boeking te wijzigen.*

**2** **The agent said no. It wasn't possible.**
*DHi eedzjent sèd noo. it wozent posibel*
*De agent zei nee. Het was niet mogelijk.*

**3** **I was so angry that I wanted to scream.**
*aj woz soo ænGrie DHæt aj wontid toe skriem*
Ik was zo boos dat ik zin had (wilde) om te schreeuwen.

**4** **So what did you do?**
*soo wot did joe doe*
Dan wat deed u doen?
*Wat hebt u dan gedaan?*

**5** **I had a cup of tea. Then I screamed!**
*aj hæd e küp ev tie. DHèn aj skriemd*
Ik had een kopje van thee. Daarna Ik schreeuwde!
*Ik heb een kopje thee gedronken. Daarna heb ik geschreeuwd!*

### *Grammaticale opmerkingen*

Hier hebben we de 'gewone' verleden tijd (**simple past**) die iets uitdrukt dat plaatsvond in het verleden, dus in het verleden begon en afliep en waarbij alle personen dezelfde vorm krijgen. Bij de regelmatige werkwoorden wordt **-ed** toegevoegd aan de infinitief zonder **to** (of alleen **-d** bij een eind-**e**), bijv. **to want**

- *willen* → **I, you, he/she/it, we, they wanted**;

Bij regelmatige werkwoorden op **-y** voorafgegaan door een medeklinker verandert de **y** in **ie**: **to try** → **tried** (cf. o.t.t.: **I try** → **he tries**) en bij die op **-y** voorafgegaan door een klinker verandert de **y** alleen bij een paar heel courant werkwoorden, nl. in **i**, bijv. **to say** (*zeggen*) → **said**.

De ontkennende en de vraagvorm volgen hetzelfde model als de tegenwoordige tijd, maar dan met **do** in de verleden tijd → **did**: **he tried** → **he did not try, she asked** → **did she ask?**

Samentrekkingen: **did not** → **didn't; was not** → **wasn't**.

Net als in alle talen zijn er in het Engels een aantal onregelmatige werkwoorden. Drie ervan worden veel gebruikt en zijn tevens hulpwerkwoorden:

|  | **to be**<br>- *zijn* | **to do**<br>- *doen, maken* | **to have**<br>- *hebben* |
|---|---|---|---|
| I/he/she/it | was | did | had |
| we/you/they | were | | |

## *Oefening – Vertaal de volgende zinnen*
1. Ze zeiden dat het niet mogelijk was.
2. Ze was heel boos maar ze schreeuwde niet.
3. **Did you call the airline?**
4. **What did she do? – She changed her booking.**

## *Oplossing*
1. **They said that it wasn't possible.**
2. **She was very angry but she didn't scream.**
3. Belde u de luchtvaartmaatschappij/Hebt u ... gebeld?
4. Wat deed ze/heeft ze gedaan? – Ze wijzigde haar boeking/heeft ... gewijzigd.

## ↗ **Dag 19**

### **I haven't visited Brighton**
*Ik heb Brighton niet bezocht*

1 **I have travelled around the south of England.**
*aj hæv træveld eraund DHe sauTH ev ingGlend*
Ik heb het zuiden van Engeland rondgereisd.

2 **But I haven't visited Brighton.**
*büt aj hævent vizitid brajten*
Maar ik heb Brighton niet bezocht.

3 **Have you heard of the Royal Pavilion?**
*hæv joe hëëd ev DHe rojel peviljen*
Heb je [al] gehoord van het Royal Pavilion (Koninklijk Paviljoen)?

4 **No I haven't. Where is it?**
*no aj hævent. wèr iz it*
Nee. Waar is dat (het)?

5 **In the centre. It was started in 1787 and finished in 1823.**
*in DHe sènte. it woz stââtid in sèventien eejtie sèven ænd finisjt in eejtien twèntie THrie*
In het centrum. De bouw werd (Het was) aangevat in 1787 en afgewerkt in 1823.

### *Grammaticale opmerkingen*

Met de v.t.t. (voltooid tegenwoordige tijd - **present perfect**) wordt iets weergegeven dat begon in het verleden en in het heden voortduurt of waarvan men niet weet wanneer het plaatsvond. Hij wordt gevormd met **have/has** + het voltooid deelwoord van het hoofdwerkwoord (zelfde vorm als de **simple past** bij regelmatige werkwoorden): **I have visited Brighton**; **she has travelled**, enz.

Voor de ontkennende en de vraagzin wordt **not** resp. inversie gebruikt:
**I haven't visited; she hasn't travelled;**
**Have I visited?; has she travelled?**

Laten we de logica even bekijken:
**I have travelled**, **I haven't visited**: de handelingen volgen elkaar op – onze spreker is nog steeds aan het reizen en het blijft een feit dat hij Brighton niet bezocht.
**Have you heard…?**: men weet niet of u al hebt gehoord van die stad, dus is de **simple past** niet bruikbaar (**heard** is het voltooid deelwoord van het onregelmatige **to hear** - *horen*).
**It was started/finished**: hier zijn de data bekend en beide handelingen zijn wel degelijk voltooid.

## *Oefening – Vertaal de volgende zinnen*
1. Hebt u het Royal Pavilion bezocht?
2. Heeft ze Engeland rondgereisd?
3. **The match started at ten o'clock and finished at eleven forty.**
4. **He hasn't heard of Brighton!**

## *Oplossing*
1. **Have you visited the Royal Pavilion?**
2. **Has she travelled around England?**
3. De match begon/is begonnen om 10 uur en liep af/was afgelopen om 11 u 40.
4. Hij heeft niet gehoord van Brighton!

## ↗ **Dag 20**

### **To send a letter, you'll need a stamp**
*Om een brief te versturen,
zal u een postzegel nodig hebben*

1 **If you want to send a letter, you'll need a first-class stamp.**
 *if joe wont toe sènd e lète joel nied e fëëst klââs stæmp*
 Als u een brief wil versturen, zal u een waarde 1 (eerste klas) postzegel nodig hebben.

2 **But if you send a postcard, it's cheaper.**
 *büt if joe sènd e poostkââd its tsjiepe*
 Maar als u een post-/briefkaart verstuurt, is het goedkoper.

3 **Will you lend me fifty pence? I don't have any change.**
 *wil joe lènd mie fiftie pèns. aj doont hæv ènie tsjeendzj*
 Wilt u me 50 pence lenen? Ik heb geen wissel[geld].

4 **If I lend it to you, will you pay me back?**
 *if aj lènd it toe joe wil joe pee mie bæk*
 Als ik ze (het aan) u leen, zal u me (dan) terugbetalen (betalen me terug)?

5 **Of course I will!**
 *ev kooes aj wil*
 Natuurlijk (Ik zal)!

### *Grammaticale opmerkingen*

Een eerste type voorwaardelijke zin, waar bij het voldoen aan een voorwaarde het resultaat zeker is: **If** + tegenwoordige tijd, (dan) + toekomende tijd, bijv. **If you come to the party, you will see her.** - *Als je naar het feestje komt, zal je haar zien*.
U merkt dat waar wij voor de toekomende tijd gebruik maken van het hulpwerkwoord *zal/zullen* het Engels **will** gebruikt.

Ontkennende vorm: **If you don't come to the party, you will not see her**.

Afhankelijk van de context betekent **will** ook *willen*: **Will you lend me…?** - *Wilt u me… lenen?*; **They won't help me.** - *Ze willen me niet helpen*.

Het is ook heel nuttig bij het stellen van een vraag (met **you**) als **Will you let me take a photo?** - *Wilt u dat ik een foto neem (u me een foto laten nemen)?*

Noteer de herhaling **Will you…? Of course I will**.

## *Oefening – Vertaal de volgende zinnen*
**1.** Als ik u het geld leen, zal u me [dan] terugbetalen?
**2.** Zal hij op tijd (aan)komen? – Natuurlijk niet!
**3. If she doesn't come, she won't see him.**
**4. Will you let them come to the party?**

## *Oplossing*
**1. If I lend you the money, will you pay me back?**
**2. Will he arrive in time? – Of course he won't!**
**3.** Als ze niet komt, zal ze hem niet zien.
**4.** Zal u hen naar het feestje laten komen?

## ↗ **Dag 21**

### **Would you like something to drink?**
*Zou u iets te drinken willen?*

**1 Would you like something to drink?**
*woed joe lajk sümTHing toe drink*
Zou u graag-hebben/willen/lusten/... iets om-te drinken?
*Zou u iets te drinken willen/willen drinken?*

**2 I'd love a banana smoothie.**
*ajd lüv e benââne smoeDHie*
*Ik zou heel graag een banaansmoothie willen.*

**3 If I had any bananas, I would make you one.**
*if aj hæd èni benâânez aj woed meek joe wün*
*Als ik bananen had, zou ik [er] een [voor] u maken.*

**4 I could try using peaches.**
*aj koed traj joezing pietsjiz*
*Ik zou kunnen proberen met* (gebruikend) *perziken.*

**5 You wouldn't know the difference.**
*joe woedent noow DHe difrens*
*U zou het verschil niet proeven* (weten).

**6 You should try a peach smoothie; you would like it.**
*joe sjoed traj e pietsj smoeDHie. joe woed lajk it*
*U zou een perziksmoothie moeten proberen; u zou het lekker vinden.*

### *Grammaticale opmerkingen*
De andere voorwaardelijke vormen zijn:
**Would**, van **will** (één vorm): **I**, **he/she/it**, **we**, **you**, **they would**

**like**...; ontkennende en vraagvorm met **not** resp. inversie: **He would not like** / **Would he like ...?** ; samentrekking met **-'d** (**I'd, we'd**) en **-n't** in de ontkennende vorm (**wouldn't**).

Met **would** + infinitief zonder **to** wordt het tweede type voorwaardelijke zinnen gevormd (resultaat is mogelijk als aan de voorwaarde voldaan wordt): **if** + **simple past**, (dan) + voorwaardelijke wijs (**conditional**): **If I had the money, I would travel first class.** - *Als ik het geld had, zou ik eerste klas reizen.*

**Could,** zowel de **simple past** als de **conditional** van **can**, is heel nuttig bij het stellen van een beleefde vraag: **Could you help me, please?** - *Zou u me kunnen helpen, alstublieft?*

En, ten slotte, **should** voor het uitdrukken van een suggestie of een voorwaardelijke verplichting en bij het geven van raad of advies: **You should buy these bananas, they're delicious.** - *U zou deze bananen moeten kopen, ze zijn heerlijk.*

## *Oefening — Vertaal de volgende zinnen*
1. Zou u me kunnen helpen, alstublieft?
2. Zouden ze iets te drinken willen/willen drinken?
3. If she had the money, she would travel first class.
4. She should try a peach smoothie; she'd like it.

## *Oplossing*
1. Could you help me, please?
2. Would they like something to drink?
3. Als ze het geld had, zou ze eerste klas reizen.
4. Ze zou een perzilksmoothie moeten proberen; ze zou het lekker vinden.

# Conversatie

## ↗ Eerste contact

Daar het Engels grammaticaal geen verschil kent tussen jij, u en jullie, wordt het onderscheid bij begroetingen enz. uitgedrukt via het taalniveau (formeel, informeel, enz.). Om dit gidsje niet te overladen, beperken we ons in de vertalingen tot de beleefdheidsvorm *u*. Zonder tegenindicatie geldt de Engelse formulering dus ook voor de *jij/je*- en de *jullie*-vorm.

Engelse zelfstandige naamwoorden hebben eigenlijk geen geslacht (ze staan altijd met het bepaald lidwoord **the**); daarom vermelden we, behoudens uitzonderingen, het onbepaald lidwoord dat voor een klinker **an** is en voor een medeklinker **a**.

## Begroetingen

| | | |
|---|---|---|
| Goeiemorgen., Goeiendag. | **Good morning.** | *Goed mooning* |
| Goeiemiddag., Goeiendag. | **Good afternoon.** | *Goed ààftenoen* |
| Goeienavond. | **Good evening.** | *Goed ievning* |
| Goeienacht. | **Good night.** | *Goed najt* |
| Welkom. | **Welcome.** | *wèlkem* |
| Hallo. | **Hello.** | *héloo* |
| Hoi. | **Hi/Hiya.** | *haj/haje* |
| Tot ziens. Dàag. Doei. | **Goodbye.** **Bye-bye.** **Cheers.** | *Goedbaj* *baj-baj* *tsjieez* |
| Tot binnenkort. | **See you soon.** | *sie joe soen* |

U kunt ook **Take care** horen dat overeenkomt met *Hou je/Houdt u zich/Houden jullie je goed (Verzorg je/u/jullie)*, maar in de praktijk een eerder sympathieke manier is om afscheid te nemen van iemand.

Men kan ook iemand verder nog een fijne dag, week, weekend, enz. wensen:

*Nog een fijne dag!*
**Have a nice day!**
*hæv e najs dee*
(heb een fijne dag)

## Aansprekingen

| Mevrouw | **Missus** (geschreven afkorting: **Mrs**) | **mi**siz |
|---|---|---|
| Juffrouw | **Miss** | mis |
| Meneer | **Mister** (geschreven afkorting: **Mr**) | **mis**te |
| Dames en heren | **Ladies and gentlemen** | **lee**diez ænd **dzjèn**telmen |

Op **Mister** en **Missus** (maar niet **Miss**) volgt altijd een familienaam. In tegenstelling tot het Nederlands kent het Engels nog twee bijkomende vormen voor *mevrouw/meneer* om iemand aan te spreken: **Sir** voor een man en **Madam** voor een vrouw.

Er is ook het woord **Ms** (uitgesproken als *[miz]*) dat de burgerlijke staat van een vrouw buiten beschouwing laat (zoals **Mister** bij mannen), maar deze vorm wordt eerder schriftelijk gebruikt in officiële briefwisseling of in een formeel register (zie p. 142-143).

## Akkoord gaan of niet

| ja | **yes** | jès |
|---|---|---|
| nee | **no** | noo |
| Oké. | **OK.** | oo**kee** |
| Misschien. | **Perhaps/Maybe.** | pe**hæ**ps/**mee**bie |
| Ik ga akkoord. | **I agree.** | aj e**Grie** |
| Ik ga niet akkoord. | **I don't agree.** | aj doont e**Grie** |
| Ik ben het er niet mee eens. | **I disagree.** | aj dise**Grie** |

Er even aan herinneren dat Britten een antwoord met alleen **yes** of **no** wat te abrupt vinden; ze voegen er meestal een hulpwerkwoord aan toe (zie les Dag 5).

## Bedanken en zich excuseren

| Alstublieft/Alsjeblieft. | **Please.** | pliez |
|---|---|---|
| Dank u/je. | **Thank you.** | TH**æ**nk joe |
| Bedankt. | **Thanks.** | TH**æ**nks |
| Dank u/je wel. | **Thank you very much.** | TH**æ**nk joe **vè**rie mütsj |
| Graag gedaan. | **Don't mention it.** | doont **mèn**sjen it |
| Nee, dank u/je. | **No, thank you.** | noo TH**æ**nk joe |
| Nee, bedankt. | **No thanks.** | noo TH**æ**nks |
| Excuseer(t u) me. | **Excuse me.** | èks**kjoez** mie |
| Het spijt me., Sorry. | **Sorry.** | **so**rie |

## Vragen stellen

| Waar? | **Where?** | w**è**e |
|---|---|---|
| Wanneer? | **When?** | wèn |
| Wie? | **Who?** | hoe |
| Wat? | **What?** | wot |
| Waarom? | **Why?** | waj |
| Hoe? | **How?** | haw |

| Hoeveel? | **How much?** (ontelbaar) | haw mütsj |
|---|---|---|
| | **How many?** (telbaar) | haw **mè**nie |
| | (zie Dag 11) | |

## Lichaamstaal

Als u het cijfer twee met wijs- en middenvinger wil gebaren, vermijd dan dit te doen met de rug van uw hand gericht naar uw gesprekspartner. Het is een obsceen gebaar (vaak vergezeld van een verwensing als *Loop naar de…*).

## Talen en erin begrepen worden

| Spreekt u…? | Do you speak…? | doe joe spiek |
|---|---|---|
| Nederlands | Dutch | dütsj |
| Frans | French | frèntsj |
| Duits | German | **dzjëë**men |
| Spaans | Spanish | **spæ**nisj |
| Italiaans | Italian | it**æl**jen |
| Russisch | Russian | **rü**sjen |

*Ik spreek geen Engels.*
**I do not speak English.**
aj doe not spiek **ing**Glisj

*We begrijpen het niet.*
**We do not understand.**
wie doe not ünde**stænd**

*Wat zei u?*
**What did you say?**
wot did joe see

*Wilt u langzaam herhalen, alstublieft?*
**Will you repeat slowly, please?**
wil joe ri**piet sloowl**i pliez

## ↗ Mensen ontmoeten

### Elkaar ontmoeten

Britten zijn vaak minder formeel in de dagelijkse omgang. Het is helemaal niet ongebruikelijk om een "onbekende" bij de voornaam aan te spreken (bijv. wanneer u belt voor een inlichting). In een informeel gesprek wordt u misschien wel behandeld met **dear** (*beste*), **darling** (*liefste*) of zelfs **duck** (*eend*)! Dit is niet vrijpostig bedoeld, maar gewoon een hartelijke manier van omgaan met zijn gesprekspartner. Vermijd evenwel hetzelfde te doen zolang u de taal niet beheerst.

| | | |
|---|---|---|
| *Hoe gaat het?* | **How are you?** | haw ââr joe |
| *Hoe maakt u het?* | **How do you do?** (heel formeel) | haw doe joe doe |
| *Heel goed, bedankt. En (met) u?* | **Very well thanks. And you?** | vèri wèl THænks. ænd joe |
| *Wat is uw naam?* | **What is your name?** | wot iz jo neem |
| *Mag ik u ... voorstellen?* | **Let me introduce...** | lèt mie **in**tredjoes |
| *mijn vrouw* | **my wife.** | maj wajf |
| *mijn man* | **my husband.** | maj **hü**zbend |
| *mijn dochter* | **my daughter.** | maj **doo**te |
| *mijn zoon* | **my son.** | maj sün |
| *mijn broer* | **my brother.** | maj **brü**DHe |
| *mijn zus* | **my sister.** | maj **sis**te |
| *mijn vriend(in)* | **my friend.** | maj frènd |
| *mijn vriendin(netje)/ mijn vriend(je)* | **my girlfriend/ my boyfriend.** | maj **Gëël**frènd/ maj **boj**frènd |
| *mijn verloofde* | **my fiancé(e).** | maj fi**on**see |
| *mijn ouders* | **my parents.** | maj **pèè**rents |
| *Aangenaam.* | **Pleased to meet you.** | pliezd te miet joe |

## Zeggen waar men vandaan komt

*Waar komt u vandaan?*
**Where are you from?**
wèr ââr joe from
(waar bent u van)

In plaats van met een nationaliteitsadjectief te antwoorden, kan ook het land van oorsprong genoemd worden:

*Ik kom uit Nederland.*
**I am from the Netherlands.**
ajm frem DHe **nè**DHelendz

*We komen uit België.*
**We're from Belgium.**
wier frem **bèl**dzjem

*Hij komt uit Zwitserland.*
**He's from Switzerland.**
hiez frem **swi**tselend

*Waar woont u?*
**Where do you live?**
**wè**e doe joe liv

*Wat is uw adres?*
**What is your address?**
wot iz jor e**drès**

*Hier is mijn postadres/mijn e-mail(adres).*
**Here is my postal address/my email (address).**
**hie**r iz maj **poo**stel e**drès**/**ie**meel (e**drès**)

*Zit u op Facebook?*
**Are you on Facebook?**
ââr joe on **fees**boek

U komt uit...

| | | |
|---|---|---|
| *België* | **Belgium** | *bèldzjem* |
| *Holland/* | **Holland/** | *holend/* |
| *Nederland\** | **The Netherlands** | *DHe nèDHelendz* |

\* weet dat Nederland wat benaming betreft in het buitenland heel vaak beperkt wordt tot Holland

Nog een paar andere landen:

| | | |
|---|---|---|
| *China* | **China** | *tsjajne* |
| *Duitsland* | **Germany** | *dzjëëmenie* |
| *Engeland/* | **England/** | *ingGlend/* |
| *Groot-Brittannië* | **Britain** | *briten* |
| *Frankrijk* | **France** | *frââns* |
| *Griekenland* | **Greece** | *Gries* |
| *Hongarije* | **Hungary** | *hünGerie* |
| *India* | **India** | *india* |
| *Israël* | **Israel** | *izraèl* |
| *Italië* | **Italy** | *itelie* |
| *Japan* | **Japan** | *dzjepæn* |
| *Luxemburg* | **Luxembourg** | *lüksembëëG* |
| *Oostenrijk* | **Austria** | *ostri-e* |
| *Rusland* | **Russia** | *rüsje* |
| *Spanje* | **Spain** | *speen* |
| *Thailand* | **Thailand** | *tajlænd* |
| *Turkije* | **Turkey** | *tëëkie* |
| *Zwitserland* | **Switzerland** | *switselend* |

## Leeftijd

Aantallen vindt u terug in de flaptekst "Tellen in het Engels".

*Hoe oud bent u/ben je?*
**How old are you?**
haw oold âår joe

*Ik ben twintig.*
**I am twenty.**
aj æm **twèn**ti

*Hoe oud is hij/ze?*
**How old is he/she?**
haw oold iz hie/sjie

*Hij/Ze is vijf.*
**He/she is five.**
hie/sjie iz fajv

## Familie

Zo geeft u uw burgerlijke staat aan:

| Ik ben... | I am... | aj æm |
|---|---|---|
| gescheiden. | **divorced.** | di**voost** |
| getrouwd. | **married.** | **mæ**rid |
| met iemand samen. | **in a relationship.** | in e re**lee**sjensjip |
| vrijgezel. | **single.** | **sin**Gel |
| weduwe/weduwnaar. | **a widow/widower.** | e **wi**doow/**wi**doowe |

Indien u over uw kind(eren) wil praten...

| Ik heb één kind. | **I have one child.** | aj hæv wün tsjajld |
| We hebben drie kinderen. | **We have three children.** | wie hæv THrie **tsjil**dren |

| We hebben... | We have... | wie hæv |
|---|---|---|
| een jongen. | a boy. | e boj |
| een zoon. | a son. | e sün |
| een meisje. | a girl. | e Gëël |
| een dochter. | a daughter. | e **doo**te |

## Meer woordenschat voor gezins- en familieleden:

| baby | baby | **bee**bi |
|---|---|---|
| grootmoeder | grandmother | **Græn**müDHe |
| grootvader | grandfather | **Græn**fââDHe |
| ouders: | parents | **pèè**rents |
|   moeder | mother | **mü**DHe |
|   mama | mum, mummy | müm/**mü**mie |
|   vader | father | **fââ**DHe |
|   papa | dad, daddy | dæd/**dæ**die |
| neef, kozijn/nicht | cousin | **kü**zen |
| neef/nicht | nephew/niece | **nèf**joe/nies |
| oom/tante | uncle/aunt | **ün**kel/âânt |
| schoonouders: | parents-in-law | **pèè**rents in loo |
|   schoonmoeder | mother-in-law | **mü**DHer in loo |
|   schoonvader | father-in-law | **fââ**DHer in loo |
| stiefouders: | step-parents | stèp **pèè**rents |
|   stiefmoeder | step-mother | stèp **mü**DHe |
|   stiefvader | step-father | stèp **fââ**DHe |
| tiener | teenager | **tie**needzje |
| tweelingen | twins | twinz |

# Werk en studies

Als u het in het Engels hebt over uw werk mag u niet vergeten het onbepaald lidwoord (**a/an**) voor een beroepsnaam te zetten.

| Wat doet u (in het leven)? | **What do you do (for a living)?** | wot doe joe doe (for e living) |
|---|---|---|
| Bij wie werkt u? | **Who do you work for?** | hoe doe joe wëëk for |
| Wat is uw beroep, Wat doet u voor werk? | **What is your job?** | wot iz jor dzjob |
| **Ik ben...** | **I am...** | aj æm |
| acteur. | **an actor.** | en **ak**te |
| administratief bediende/medewerker. | **a clerk.** | e klââk |
| ambachtsman. | **a craftsman.** | e **krââft**smen |
| apotheker/-es. | **a pharmacist** (ook **a chemist**) | e **fââ**mesist (e **kè**mist) |
| arbeider. | **a workman.** | e **wëëk**men |
| boekhouder/-ster, accountant | **an accountant.** | en e**kaun**tent |
| brandweerman. | **a firefighter.** | e **fa**jefajte |
| bus-/vrachtwagen-/taxichauffeur. | **a bus/lorry/taxi driver.** | e büs/**lo**rie/**tæk**sie **draj**ve |
| dokter. | **a doctor.** | e **dok**te |
| electricien. | **an electrician.** | en è**lèk**trisjen |
| informaticus. | **a computer specialist/ an IT specialist.** | e kem**pjoe**te **spè**sjelist en ajtie **spè**sjelist |
| ingenieur. | **an engineer.** | en èndzji**nie**e |
| journalist/-e. | **a journalist.** | e **dzjëë**nelist |
| jurist/-e. | **a lawyer/legal adviser.** | e **loo**je/**lie**Gel ed**vaj**ze |
| kok/-kin. | **a cook.** | e koek |
| leraar/lerares. | **a teacher.** | e **tie**tsje |
| loodgieter. | **a plumber.** | e **plü**me |
| onderwijzer/-es. | **a primary school teacher.** | e **praj**merie skoel **tie**tsje |
| politieagent/-e. | **a police officer.** | e pe**lies o**fise |

| | | |
|---|---|---|
| *secretaris/-esse.* | **a secretary.** | *e sèkretrie* |
| *verkoper/-ster.* | **a salesperson.** | *e seelzpëësen* |
| *verpleger/-ster.* | **a nurse.** | *e nëës* |

Voor sommige beroepen is er niet altijd een eenduidig equivalent, bijv. **a lawyer** - *een notaris, een jurist(e)*.

De meeste beroepsnamen gelden zowel voor een man als voor een vrouw, bijv.: **a pharmacist** - *een apotheker(es)*.

(Met onze excuses aan de beoefenaars van de beroepen die niet in ons lijstje werden opgenomen...)

Voor wie studeert:

*Ik ben student(e).*
**I am a student.**
*aj æm e stjoedent*

*Waar/Wat studeert u?*
**Where/What are you studying?**
*wèr/wot âår joe stüdi-ing*

En voor wie zonder werk zit:

*Ik ben momenteel werkloos.*
**I am unemployed at the moment.**
*aj æm ünimplojd æt DHe mooment*

## Religie

Het anglicanisme wordt erkend als de officiële godsdienst van de Engelse *staatskerk* (**established church**) sinds het schisma met Rome in de 16ᵉ eeuw. De vorst(in) staat aan het hoofd van de anglicaanse kerk en is tevens "verdediger van het geloof". Daarom staat de inscriptie **Fid. Def.** of **FD**, *fidei defensor*, op alle muntstukken.

In Schotland domineert de presbyteriaanse kerk (**Church of Scotland**) waarin de monarch(e) geen rol speelt en in Wales is er geen officiële kerk.

Naast katholieken leven er in Groot-Brittannië aanzienlijke moslim-, joodse, hindoe-, sikhs- en andere gemeenschappen. En zo'n half miljoen mensen zegt het "Jedi" te belijden, naar de fictieve ridderorde uit de filmsaga *Star Wars*. En of de Britten geen gevoel voor humor hebben...

| Ik ben... | I am... | |
|---|---|---|
| | | *aj æm* |
| anglicaan/-se. | **Anglican, C of E** (voor **Church of England**). | *ængGliken, sie ev ie (tsjëëtsj ev ingGlend)* |
| boeddhist/-e. | **Buddhist.** | **boe**dist |
| katholiek. | **Catholic.** | **kæTH**lik |
| jood/-se. | **Jewish.** | **dzjoe**wisj |
| moslim/-a. | **Muslim.** | **moez**lim |
| sjiiet. | **Shiite.** | **sjie**ajt |
| soenniet. | **Sunni.** | **soe**nie |
| atheïst/-e. | **atheist.** | *eeTHi-ist* |

| Waar kan ik... vinden? | Where can I find...? | |
|---|---|---|
| | | **wèe** kæn aj fajnd |
| een kerk | **a church** | *e tsjëëtsj* |
| een moskee | **a mosque** | *e mosk* |
| een synagoge | **a synagogue** | *e sineGoG* |
| een tempel | **a temple** | *e tèmpel* |

## Het weer

Het weer blijkt een onuitputtelijke gespreksbron voor de bewoners van de Britse Eilanden. Sommigen wijten deze voorliefde aan het feit dat de klimatologische omstandigheden enorm kunnen variëren; anderen beschouwen het als een manier om de natuurlijke schroom, die Engelsen ondervinden om een gesprek aan te knopen met hun medeburgers, te overwinnen.

Hoe dan ook zal een "weerkundige" opmerking u de kans bieden een paar woorden te wisselen met uw buurman/-vrouw.

| Het is... | It is... | it iz |
|---|---|---|
| frisjes. | chilly. | **tsji**lie |
| koel. | cool. | koel |
| koud. | cold. | koold |
| warm. | hot. | hot |

| de ijzel | the ice | DHie ajs |
|---|---|---|
| de sneeuw | the snow | DHe snoow |
| het weer | the weather | DHe wèDHe |
| de wind | the wind | DHe wind |
| de zon | the sun | DHe sün |

Zelfstandige naamwoorden worden bijvoeglijke naamwoorden door toevoeging van het suffix **-y**, bijv.:
**wind → windy** (wind - winderig).

| Wat een mooie dag! | **What a beautiful day!** | wot e **bjoe**tifel dee |
|---|---|---|
| Wat een vreselijk weer! | **What horrible weather!** | wot **ho**ribel wèDHe |
| Hebt u een weerbericht gehoord? | **Have you heard a weather forecast?** | hæv joe hëëd e **wè**DHe **foo**kââst |
| Het is ijskoud! | **It's freezing!** | its **friez**ing |
| Het is snikheet! | **It's roasting!** (fam.) | its **roos**ting |

Hoewel Groot-Brittannië officieel al een dertigtal jaar naar het metriek stelsel is overgestapt, blijven sommige gewoonten standhouden. Zo zijn er nog steeds mensen – en zelfs media – die in graden Fahrenheit spreken, dus als men u zegt **The temperature is in the nineties** (lett. De temperatuur is in de 90's), dan moet u 90° Fahrenheit omrekenen: 32°C.

## Gevoelens en meningen

| Ik ben/We zijn... | I am/We are... | aj æm/wie ââ(r) |
|---|---|---|
| blij, gelukkig, tevreden. | happy. | **hæ**pie |
| droevig. | sad. | sæd |
| ongelukkig. | unhappy. | ün**hæ**pie |
| teleurgesteld. | disappointed. | dise**pojn**tid |
| verrukt. | delighted. | di**laj**tid |

| Het is... | It is... | it iz |
|---|---|---|
| indrukwekkend. | impressive. | im**près**iv |
| lelijk. | ugly. | **ü**Glie |
| mooi. | beautiful. | **bjoe**tifel |
| ongewoon. | unusual. | ün**joez**jwel |
| prachtig. | magnificent. | maG**ni**fisent |
| vreemd. | strange. | streendzj |
| vreselijk. | horrible. | **ho**rebel |

## Iemand uitnodigen

Om iemand uit te nodigen en om op die uitnodiging te antwoorden:

| Ik zou je/u/jullie willen uitnodigen... | I would like to invite you ... | aj woed lajk toe in**vajt** joe |
|---|---|---|
| voor een drankje. | for a drink. | for e drink |
| om te lunchen. | to lunch. | toe **lünts**j |
| om te dineren. | to dinner. | toe **di**ne |
| op een feestje. | to a party. | toe e **pââ**tie |
| naar een club. | to a club. | toe e **klüb** |
| ... vanavond. | ... this evening/ tonight. | THiz **ie**vning/ te**najt** |

*Alleen jij en ik.*
**Just you and me.**
dzjüst joe ænd mie

*Ik zal met een paar vrienden zijn.*
**I will be with some friends.**
aj wil bie wiTH süm frèndz

*Ik zal u/je/jullie komen oppikken om 8 uur.*
**I will pick you up at eight o'clock.**
aj wil pik joe üp æt eet e**klok**

*Het spijt me, maar ik ben vanmiddag/vanavond bezet.*
**Sorry, but I am busy this lunchtime/evening.**
**so**rie büt aj æm **bi**zie DHis **lünts**jtajm/**ie**vning

*Misschien een andere keer.*
**Maybe another time.**
**mee**bie e**nü**DHe tajm

*Heel graag.*
**I would love to.**
aj woed lüv toe

## Afspreken

*Kan ik je op een drankje trakteren?*
**Can I buy you a drink?**
kæn aj baj joe e drink
(kan ik je een drankje betalen)

*Ik ben met iemand.*
**I am with someone.**
aj æm wiTH **süm**wün

*Zou je willen dansen?*
**Would you like to dance?**
woed joe lajk toe dâáns

*Vind je deze muziek goed?*
**Do you like this music?**
doe joe lajk DHis **m**joezik

*Laten we ergens anders gaan.*
**Let's go somewhere else.**
lèts Goo **süm**wèr èls

*Je bent heel schattig.*
**You are very cute.**
joe ââ **vè**rie kjoet

*Ik wacht op mijn vriend/vriendin.*
**I am waiting for my girlfriend/boyfriend\*.**
*aj æm **wee**ting fo maj **Gëël**frènd/**boj**frènd*
\*in een liefdesrelatie

*Kan ik je telefoonnummer hebben?*
**Can I have your phone number?**
*kæn aj hæv jo foon **nüm**be*

*Mag ik je naar huis brengen?*
**May I take you home?**
*mee aj teek joe hoom*

## Liefde

*– Ik hou van je. – Ik ook.*
**– I love you. – Me too.**
*aj lüv joe – mie toe*

*Heb je een condoom?*
**Do you have a condom?**
*doe joe hæv e **kon**dom*

*Neem je de pil?*
**Are you on the Pill?**
*âår joe on DHe pil*

*Hou op, alsjeblieft.*
**Please stop.**
*pliez stop*

## ↗ Tijd, datum en feesten

### Het uur

In principe wordt het 24 urensysteem alleen toegepast voor dienstregelingen van transportmiddelen op lange afstanden (trein, vliegtuig,...). In de omgangstaal gebruikt men de cijfers tot 12. Zo betekent **10 o'clock** zowel "*10 uur*" als "*22 uur*" en kan men verduidelijken door toevoeging van **in the morning** (*'s morgens*) of **in the evening** (*'s avonds*) of van respectievelijk **a.m.** *[eejèm]* of **p.m.** *[pieèm]* (uit het Latijn *ante meridiem* en *post meridiem*).

| | | |
|---|---|---|
| Het is 9 uur. | It's nine o'clock.* | *its najn e***klok** |
| Het is kwart over 9 ('s avonds). | It's quarter past nine (in the evening). | *its* **kwoo**te pââst najn (in DHi **ie**vning) |
| Het is halfelf. | It's half past ten. | *its hââf pââst tèn* |
| Het is 10 voor 10. | It's ten to ten. | *its tèn toe tèn* |
| Het is 20 over 10. | It's twenty past ten. | *its* **twèn**tie pââst tèn |
| Het is 12 uur 's middags. | It's noon. | *its noen* |

*****o'clock** ("van de klok") wordt alleen gezegd bij klokslag 1, 2, 3,... uur en kan weggelaten worden: **It's ten**.

| | | |
|---|---|---|
| *een kwartier* | a quarter of an hour | *e* **kwoo**te ev en awe |
| *een halfuur* | a half hour | *e hââf awe* |
| *een uur* (60 minuten) | an hour | *en awe* |
| *het uur, de tijd (algemeen)* | the time | *DHe tajm* |
| *een seconde* | a second | *e* **sè**kend |
| *een klok* | a clock | *e klok* |
| *een horloge* | a watch | *e wotsj* |
| *een wekker* | an alarm clock | *en elââm klok* |
| *een ochtend, morgen, voormiddag* | a morning | *e* **moo**ning |
| *een (na)middag* | an afternoon | *en ââfte***noen** |
| *een avond* | an evening | *en* **ie**vning |
| *een nacht* | a night | *e najt* |
| *middag, 12 uur 's middags, noen* | midday, noon | **mid**dee noen |
| *middernacht* | midnight | **mid**najt |

*Wanneer?*
**When?**
wèn

*Hoelang...?*
**How long...?**
haw long

*Hoe laat is het?*
**What time is it?**
wot tajm iz it
(welke tijd is het)

*Hoe laat vertrekt de bus?*
**What time does the bus leave?**
wot tajm düz DHe büs liev

*Hoelang duurt de vlucht?*
**How long is the flight?**
haw long iz DHe flajt

*Tot/Vanaf 10 uur.*
**Until/From ten.**
ün**til**/from tèn

*Om het halfuur/uur.*
**Every half hour/hour.**
èvrie hââf **a**we/**a**we
(ieder half uur/uur)

*Hij/Ze/Het is (te) vroeg/laat.*
**He/She/It is early/late.**
hie/sjie/it iz **ëë**lie/leet

*Wees alstublieft op tijd.*
**Please be on time.**
pliez bie on tajm

# De datum

*Welke datum is het vandaag?*
**What is the date today?**
*wot iz DHe deet te**dee***

| | | |
|---|---|---|
| *maandag* | **Monday** | *m**ün**dee* |
| *dinsdag* | **Tuesday** | *t**joez**dee* |
| *woensdag* | **Wednesday** | *w**ènz**dee* |
| *donderdag* | **Thursday** | *TH**ëëz**dee* |
| *vrijdag* | **Friday** | *fr**aj**dee* |
| *zaterdag* | **Saturday** | *s**æ**tedee* |
| *zondag* | **Sunday** | *s**ün**dee* |

*Volgende woensdag.*  *Vorige zaterdag.*
**Next Wednesday.**  **Last Saturday.**
*nèkst **wènz**dee*  *lââst **sæ**tedee*

| | | |
|---|---|---|
| *januari* | **January** | *dzj**æ**njoe-erie* |
| *februari* | **February** | *f**è**broe-erie* |
| *maart* | **March** | *m**ââ**tsj* |
| *april* | **April** | *ee**pril* |
| *mei* | **May** | *mee* |
| *juni* | **June** | *dzjoen* |
| *juli* | **July** | *dzjoe**laj*** |
| *augustus* | **August** | ***oo**Gest* |
| *september* | **September** | *s**è**pt**è**mbe* |
| *oktober* | **October** | *okt**oo**be* |
| *november* | **November** | *noov**è**mbe* |
| *december* | **December** | *dis**è**mbe* |

Let erop de namen van dagen en maanden altijd met een hoofdletter te schrijven!
Rangtelwoorden (bijv. de eerste, de tweede,...) worden gebruikt in de spreektaal, maar niet noodzakelijk geschreven.

*10 maart, de 10ᵉ maart*
**10(th) March** *(geschreven)*
**the tenth of March** *(gesproken)*
*DHe tènTH ev mââtsj*

*1 augustus, de 1ᵉ augustus*
**1(st) August** *(geschreven)*
**the first of August** *(gesproken)*
*DHe fëëst ev ooGest*

*Vandaag is het 15 april.*
**Today is the fifteenth of April.**
*te**dee** iz DHe fif**tienTH** ev **ee**pril*

*Het museum is gesloten op zondag tussen september en mei.*
**The museum is closed on Sundays between September and May.**
*DHe mjoe**zie**em iz kloozd on **sün**deez bi**twien** sèp**tèm**ber ænd mee*

## Tijdsaanduidingen en seizoenen

| een dag | a day | e dee |
|---|---|---|
| een werkdag | a business day | e **biz**nes dee |
| een week | a week | e wiek |
| een weekend | a weekend | e wiek**ènd** |
| een maand | a month | e münTH |
| een jaar | a year | e **jie**e |
| een seizoen | a season | e **sie**zen |

Wilt u benadrukken dat het om een enkele dag, week,... gaat, gebruik dan (het cijfer) **one** in plaats van (het onbepaald lidwoord) **a/an**:

*We blijven een week en drie dagen.*
**We are staying one week and three days.**
*wie ââ stee*ing *wün wiek ænd THrie deez*

| vandaag | **today** | te**dee** |
| morgen | **tomorrow** | te**mo**roo |
| gisteren | **yesterday** | **jès**tedee |
| overmorgen | **the day after tomorrow** | DHe dee **ââ**fte te**mo**roo |
| eergisteren | **the day before yesterday** | DHe dee bi**for jès**tedee |

*Ik heb eergisteren mijn portefeuille verloren.*
**I lost my wallet the day before yesterday.**
*aj lost maj wo*lit *DHe dee bifor jèstedee*

*Het ticket is alleen vandaag en morgen geldig.*
**The ticket is valid today and tomorrow only.**
*DHe ti*kit *iz væ*lid *tedee ænd temoroo oon*lie

| lente | **spring** | spring |
| zomer | **summer** | **sü**me |
| herfst | **autumn** | **oo**tem |
| winter | **winter** | **win**te |

| af en toe | **from time to time** | frem tajm toe tajm |
| dikwijls | **often** | **o**fen |
| later | **later** | **lee**te |
| meteen, onmiddellijk | **straight away, at once** | street e**wee** æt wüns |

| na | **after** | ââfte |
|---|---|---|
| nooit | **never** | nève |
| nu | **now** | naw |
| voor | **before** | bifor |

Voor *eenmaal/één keer* en *tweemaal/twee keer* beschikt het Engels over twee specifieke woorden: **once** *[wans]* resp. **twice**. Daarna is het gewoon **three times**, **four times**, enz.
Noteer dat **at once** overeenkomt met *onmiddellijk, meteen*.

*De leukste seizoenen zijn de lente en de herfst.*
**The nicest seasons are spring and autumn.**
DHe **naj**sest **sie**zenz ââ spring ænd **oo**tem

*We hebben de stad al één- of tweemaal bezocht.*
**We have visited the city once or twice already.**
wie hæv **vi**zitid DHe **si**tie wüns or twajs oolr**è**die

*We moeten meteen vertrekken.*
**We have to leave at once.**
wie hæv toe liev æt wüns

## Feestdagen

Naast de **public holidays** (Kerstmis enz.) kent Groot-Brittannië nog drie andere, variabele feestdagen, nl. **bank holidays** (omdat oorspronkelijk alle banken sloten en dus de handel stillag). Tussen Engeland, Wales en Schotland zijn er kleine verschillen, maar de belangrijkste vrije dagen zijn:

| **New Year's Day** | njoe **jie**ez **dee** | nieuwjaarsdag |
|---|---|---|
| **Easter Monday** | ieste **mün**dee | paasmaandag |
| **Christmas Day** | **kris**mes dee | kerstdag |

en verder...

**Boxing Day** *[boksing dee]*: op 26 december
**Early May Bank Holiday** *[ëëlie mee bænk holidee]:* de eerste maandag van de lente
**Spring Bank Holiday** *[spring bænk holidee]:* de laatste maandag van mei
**Summer Bank Holiday** *[süme bænk holidee]:* de laatste maandag van augustus.

Niettegenstaande de meeste winkels open zijn, houden de administratieve en openbare diensten (en de banken...) de deuren gesloten, alsook bepaalde musea.

In Schotland viert men ook 2 januari en de patroonheilige **Saint Andrew** (eind november/begin december).
Er is geen nationale feestdag in Engeland, maar sommige nationalisten claimen de invoering van Sint-Jorisdag (23 april) als feestdag om de Engelse identiteit te onderscheiden van die van de Welshe en Schotse buren.

# ↗ **Dringend hulp nodig**

## Hulpdiensten

In Groot-Brittannië kunt u terecht op het Europees noodnummer 112 of op het gezamenlijke nummer 999 (*najn najn najn*) voor de brandweer, een ziekenwagen en de politie. U krijgt het volgende te horen:

*Urgenties. Welke dienst hebt u nodig?*
**Emergency. Which service do you require?**
*imëëdzjensie witsj sëëvis doe joe riekwaje*

Waarop u kiest:

| *politie* | *brandweer* | *ziekenwagen* |
|---|---|---|
| **police** | **fire brigade** | **ambulance** |
| pe*lies* | *fa*je bri*Geed* | *æm*bjelens |

Nuttige uitdrukkingen bij nood zijn:

| *Brand!* | **Fire!** | *fa*je |
| *Help!* | **Help!** | *hèlp* |
| *Kijk uit!* | **Look out!** | *loek aut* |
| *Snel!* | **Hurry!** | *hürie* |

*Haal vlug hulp!*
**Get help quickly!**
*Gèt hèlp kwiklie*

*Er is een ongeval gebeurd.*
**There has been an accident.**
*DHèr hæz bien en æksident*

*Hij/Zij is ziek.*
**He/she is ill.**
*hie/sjie iz il*

*Ik ben gewond.*
**I am hurt.**
*aj æm hëët*

*Ik ben aangevallen.*
**I have been mugged.**
*aj hæv bien müGd*

*Er is hulp onderweg.*
**Help is on its way.**
*hèlp iz on its wee*

Als u door iemand gehinderd wordt...

*Ga weg!*
**Go away!**
Goo e**wee**

*Laat me met rust!*
**Leave me alone!**
liev mie e**loon**
(laat me alleen)

## Infoborden en afkortingen

| Business Hours | **biz**nes **a**wez | Openingsuren |
|---|---|---|
| Emergency Exit | i**mëë**dzjensie **è**ksit | Nooduitgang |
| Entrance/Exit Way In/Way Out | **èn**trens/**è**ksit wee in/wee aut | Ingang/Uitgang |
| Ladies, Women | **lee**diez/**wi**min | Dames |
| Men, Gentlemen, Gents | mèn/**dzjèn**telmen/ dzjènts | Heren |
| No Entry | noo **èn**trie | Verboden toegang |
| Open/Closed | **oo**pen/kloozd | Open/Gesloten |
| Push/Pull | poesj/poel | Duwen/Trekken |
| Toilets Public Conveniences | **toj**lets **pü**blik kün**vie**njensiz | Toiletten |

| Arrivals/Departures | e**raj**velz/di**pââ**tsjez | Aankomst/Vertrek |
|---|---|---|
| Cashiers (bank) Checkout (winkel) | **kæ**sjieez **tsjè**kaut | Kassa |
| Disabled | di**see**beld | Mindervaliden |
| Enquiries | in**kwaj**riez | Inlichtingen |
| Escalator | **ès**keleete | Roltrap |
| For Hire (auto, enz.) To Let (immobiliën) | fo **haj**e toe lèt | Te huur |
| For Sale | fo seel | Te koop |

| Lift | lift | Lift |
|---|---|---|
| Private | **praj**vet | Privé |
| Sale | seel | Koopjes |
| Sold Out | soold aut | Uitverkocht |
| Stairs | stèéz | Trappen |
| Tourist Office | **toe**rist ofis | Toeristische dienst, VVV |
| Ticket Office | **ti**kit ofis | Ticketbalie |

## Afkortingen

| AD<br>= Anno Domini | ee**die** | n.C. |
|---|---|---|
| BC<br>= before Christ | bie**sie** | v.C. |
| AM/a.m./am<br>= ante meridiem | ee**èm** | 's morgens |
| PM/p.m./pm<br>= post meridiem | pie**èm** | 's (na)middags |
| BST<br>= British Summer Time | bieèstie | zomertijd, -uur<br>(GMT + 1) |
| GMT<br>= Greenwich Mean Time | dzjieémtie | GMT (Greenwichtijd) |
| Ltd<br>= limited | - | B.V. |
| plc/PLC<br>= public limited company | pieélsie | N.V. |
| VAT<br>= value added tax | vie-ee-tie/væt | btw |
| in = inch | - | 2,54 cm |
| ft = foot | - | 30,48 cm |
| yd = yard | - | 91,44 cm |
| oz = ounce | - | 28,43 g |
| lb = pound | - | 453 g |
| m.p.h./mph<br>= miles per hour | | mijl (= 1,6 km) per uur |

## ⤻ **Reizen**

Bij het oversteken van de grens zijn de volgende woorden en zinnen belangrijk om weten:

| | | |
|---|---|---|
| *douane* | **Customs** | *küstemz* |
| *paspoort* | **a passport** | *e pââspoot* |
| *paspoortcontrole* | **Passport Control** | *pââspoot ken**trool*** |
| *aan te geven goederen* | **goods to declare** | *Goedz toe di**klèe*** |
| *niets aan te geven* | **nothing to declare** | *nüTHing toe di**klèe*** |

*Paspoort(en), alstublieft.*
**Passport(s) please.**
***pââs**poot(s) pliez*

*Bezoekt u het Verenigd Koninkrijk voor zaken of als toerist (plezier)?*
**Are you visiting the UK for business or pleasure?**
*âar joe **vi**ziting DHe joe**kee** fo **biz**nes or **plè**zje*

| Ik ben / We zijn hier... | I am / We are here... | aj æm/wie ââ **hie**(r) |
|---|---|---|
| *voor zaken.* | **on business.** | *on **biz**nes* |
| *op vakantie.* | **on holiday.** | *on **ho**lidee* |
| *om te studeren.* | **to study.** | *toe **stü**die* |

*De kinderen staan op mijn paspoort.*
**The children are on my passport.**
*DHe **tsjil**dren âar on maj **pââs**poot*

## Geldzaken

Wisselkantoren (**Change** of **Moneychanger**) vindt u zeker in luchthavens en havenstations en u kunt ook in sommige banken terecht om geld te wisselen.
In steden staan talrijke geldautomaten die de belangrijkste kredietkaarten aanvaarden. Sommige winkels bieden ze eveneens aan.

| Waar kan ik... wisselen? | Where can I change...? | **wè**e kæn aj tsjeendzj |
|---|---|---|
| euro's | **euros** | **joe**rooz |
| (Canadese) dollars | **Canadian dollars** | ke**nee**djen **do**lez |
| vreemde munten, vreemd geld | **foreign currency** | **fo**ren **kü**rensie |
| Zwitserse franken | **Swiss francs** | swis frænks |

*Is er een geldautomaat in de buurt?*
**Is there a cash machine near here?**
*iz DHèr e kæsj me**sjien nie**e **hie**e*
(is daar een contant-geld machine dichtbij hier)

*Kan ik met een reischeque betalen?*
**Can I pay by traveller's cheque?**
*kæn aj pee baj **træv**lez tsjèk*

## Met het vliegtuig

Naast de twee grote internationale luchthavens Heathrow en Gatwick wordt Londen aangevlogen via Stansted (goedkope chartervluchten) en London City (zakenvluchten).
Er zijn in het Verenigd Koninkrijk ook een twintigtal regionale luchthavens.

| | | |
|---|---|---|
| bagage | luggage | lüGidzj |
| een ticket, biljet | a ticket | e **ti**kit |
| een elektronisch ticket | an e-ticket | en **ie**-tikit |
| een enkele reis(ticket) | a single (ticket) | e **sin**Gel (tikit) |
| een heen-en- terug-, retour(ticket) | a return (ticket) | e rie**tëën** (tikit) |
| een gate | a boarding gate | e **boor**ding Geet |
| een incheckbalie | a check-in (desk) | e **tsjèk**-in (dèsk) |
| een instapkaart | a boarding pass | e **boor**ding påås |
| het landen | landing | **læn**ding |
| een landingsbaan | a runway | e **rün**wee |
| het opstijgen | takeoff | **tee**kof |
| een vliegtuig | a plane | e pleen |
| een vliegtuig-maatschappij | an airline | en **èe**lajn |
| een vlucht | a flight | e flajt |

*Waar is de check-in voor vlucht…?*
**Where is the check-in for flight…?**
*wèr iz DHe **tsjèk**in fo flajt*

*Wanneer is de volgende vlucht naar…?*
**When is the next flight to…?**
*wèn iz DHe nèkst flajt toe*

*Ik had graag een plaats bij het raam/langs het gangpad, alstublieft.*
**I would like a window / an aisle seat, please.**
*aj woed lajk e **win**doow/en ajl siet pliez*

*Hoe laat stijgen we op/landen we?*
**What time do we take off/land?**
*wot tajm doe wie teek of/lænd*

## Met de trein

De Britse spoorwegen zijn sinds de jaren 1990 geprivatiseerd. Derhalve kunnen verschillende maatschappijen eenzelfde bestemming aandoen en zijn de kaartjes niet noodzakelijk geldig van de ene lijn op de andere. Informeer voor vertrek (www.nationalrail.co.uk)!

| | | |
|---|---|---|
| *een trein* | **a train** | *e treen* |
| *een directe trein(lijn)* | **a direct train** | *e dajrèkt treen* |
| *een stoptrein* | **a stopping train** | *e stoping treen* |
| *1e/2e klas* | **first/second class** | *fëest/sèkend klââs* |
| *een dienstregeling* | **a timetable** | *e tajmteebel* |
| *een goedkoper kaartje "buiten het spitsuur"* | **an off-peak ticket** | *en of-piek tikit* |
| *een heenreis/heen-en-terug, retour naar...* | **a single/return to...** | *sinGel/ritëën toe...* |
| *een (hoofd)station* | **a (main) station** | *e (meen) steesjen* |
| *een kaartje* | **a ticket** | *e tikit* |
| *een korting* | **a discount** | *e diskaunt* |
| *een loket* | **a ticket office** | *e tikit ofis* |
| *een perron, spoor* | **a platform** | *e plætfoom* |
| *een reis* | **a journey** | *e dzjëënie* |
| *een tarief* | **a fare** | *e fèe* |
| *achtergebleven bagagekantoor - bagagedepot* | **left-luggage office** | *lèft lüGidzj ofis* |
| *bagagekluizen* | **luggage lockers** | *lüGidzj lokez* |
| *verloren voorwerpenkantoor/bureau* | **lost property office** | *lost propetie ofis* |

*Ik had graag tweemaal heen-en-terug naar Bradford, alstublieft.*
**I would like two returns to Bradford, please.**
*aj woed lajk toe ritëënz toe brædfed pliez*

*Zijn er "buiten het spitsuur"-tarieven?*
**Are there any off-peak fares?**
*ââ DHèr ènie of-piek fèez*


*Vanaf welk perron vertrekt de trein naar Portsmouth Harbour?*
**What platform does the Portsmouth Harbour train leave from?**
*wot plætfoom düz DHe pootsmeTH hââbe treen liev from*


*Hoe laat komen we aan in…?*
**What time do we arrive at…?**
*wot tajm doe wie erajv æt*


*De trein van 10 uur is afgelast/uitgevallen.*
**The 10 o'clock train has been cancelled.**
*DHe tèn eklok treen hæz bien kænseld*


*Is deze plaats vrij?*
**Is this seat free?**
*iz DHis siet frie*


*Waar moet ik/moeten we overstappen voor …?*
**Where do I/we change for…?**
*wèe doe aj/wie tsjeendzj fo(r)*


*We hebben … minuten vertraging.*
**We are … minutes late.**
*wie ââ(r) … minits leet*

## Met de bus

Het Verenigd Koninkrijk bezit een uitgebreid busnet dat alle grote steden aandoet tegen heel concurrerende prijzen. De grootste speler op nationale schaal is National Express (www.nationalexpress.com).
De basiswoordenschat (*kaartje* enz.) is dezelfde als voor de trein en het vliegtuig. Noteer evenwel:

| een bus | a coach | ee kootsj |
|---|---|---|
| een (bus)halte | a (coach) stop | ee (kootsj) stop |
| een busstation | a coach station<br>a bus terminal | e kootsj **stee**sjen<br>e büs **tëë**minel |
| een chauffeur | a driver | e **draj**ve |
| een vertrekpunt (van de bus) | a (coach) bay | e (kootsj) bee |

*Hoe ga ik naar het busstation Victoria?*
**How do I get to the Victoria Coach Station?**
*haw doe aj Gèt toe DHe vik***to***ria kootsj* ***stee****sjen*

*Is er een verbinding naar Birmingham?*
**Is there a service to Birmingham?**
*iz DHèr e* **sëë***vis toe* **bëë***mingem*

*Kunt u ons zeggen wanneer we bij de halte Cambridge aankomen, alstublieft?*
**Can you tell us when we reach the Cambridge stop, please?**
*kæn joe tèl üs wèn wie rietsj DHe* **keem***bridzj stop pliez*

*Hoelang duurt de rit?*
**How long does the journey last?**
*haw long düz DHe* **dzjëë***nie lââst*

## Met de taxi

In Londen herkent u onmiddellijk de fameuze **black cabs** (zwarte *taxi's*), die u op straat kunt aanroepen als het gele lichtbakje vooraan op het dak brandt. Er rijden ook taxi's met een speciale vergunning, **minicabs**, die vooraf besteld moeten worden en geen taximeter hebben. Vraag dus naar de prijs voor de rit start. Dit dubbel systeem bestaat in de meeste grote steden.

*Kunt u een taxi/minicab voor me bestellen, alstublieft?*
**Can you order me a taxi/minicab, please?**
kæn joe **oo**de mie e **tæk**sie/**mie**niekæb pliez

*Ik wil naar... gaan.*
**I want to go to...**
aj wont toe Goo toe

*Hier is het adres.*
**Here is the address.**
**hie**r iz DHi e**drès**

*Hoeveel kost de rit?*
**How much is the fare?**
haw mütsj iz DHe **fè**e

*U kunt me hier afzetten.*
**You can drop me off here.**
joe kæn drop mie of **hie**e

## Met een tweewieler

| een bromfiets | a moped | e **moo**pèd |
| een helm | a helmet | e **hèl**met |
| een fiets | a bike | e bajk |
| een motorfiets | a motorbike | e **moo**tebajk |
| een scooter | a scooter | e **skoe**te |

Bepaalde grote steden hebben een selfservice fietsverhuursysteem ingevoerd. In Londen heet dit **Cycle Hire** hoewel Londenaars het **Boris Bikes** noemen, naar de Londense burgemeester Boris Johnson die het introduceerde.

| een code om de fiets los te maken | **a release code** | e ri**lies** kood |
|---|---|---|
| een fietspaal | **a docking station** | e **do**king **stee**sjen |
| een fietspad | **a cycle/bike lane** | e **saj**kel/bajk leen |
| fietsverhuur | **cycle hire/bike hire** | **saj**kel **ha**je/bajk **ha**je |

## Met de boot en de ferry

Groot-Brittannië is met de ferry of hovercraft bereikbaar vanuit verschillende landen, onder meer België en Nederland. Men kan ook naar Ierland (noorden en zuiden) en de Orkney-, Scilly- en andere eilanden varen.

| een autoveer | **a car ferry** | ee kââ **fè**rie |
|---|---|---|
| een cabine | **a cabin** | e **kæ**bin |
| een daguitstap | **a day trip** | e dee trip |
| een ferryterminal | **a ferry terminal** | e **fè**rie **tëë**minel |
| een hovercraft | **a hovercraft** | e **Ho**vekrââft |

*Wanneer is de volgende ferry naar...?*
**When is the next ferry to...?**
wèn iz DHe nèkst **fè**rie toe

*Is er een pendel(bus) naar de ferryterminal?*
**Is there a shuttle (bus) to the ferry terminal?**
iz DHèr e **sjü**tel (büs) toe DHe **fè**rie **tëë**minel

*Waar gaan voetpassagiers aan boord?*
**Where do foot passengers board?**
w**è**e doe foet **pæ**sindzjez boord

## Een auto huren

Een nationaal (Belgisch, Nederlands,...) rijbewijs volstaat om in Groot-Brittannië een auto te huren.

| autoverhuur | **car rental** | k**ââ rè**ntel |
| verzekering | **insurance** | in**sjoe**rens |
| een rijbewijs | **a driver's licence** | e **draj**vez **laj**sens |

*Ik zou een auto willen huren voor een week.*
**I would like to rent a car for one week.**
aj woed lajk toe rènt e kââ fo wün wiek

*Hoeveel kost het per dag?*
**How much does it cost per day?**
haw mütsj düz it kost per dec

*Is de verzekering inbegrepen?*
**Is insurance included?**
iz in**sjoe**rens in**kloe**did

*Met welke brandstof rijdt hij?*
**What kind of fuel does it take?**
wot kajnd ev fjoel düz it teek

## Met de auto

Let op: in Groot-Brittannië rijdt men links! Maar dat impliceert niet dat men op rotondes en kruispunten voorrang verleent aan voertuigen die van links komen!
Het wegennet is goed onderhouden en autosnelwegen zijn gratis.

| een auto | a car | e kââ |
|---|---|---|
| een autosnelweg | a motorway | e **moo**tewee |
| benzine* | petrol | **pè**trel |
| - diesel/loodvrij | diesel/unleaded | **die**zel/ünl**è**did |
| een benzinestation | a petrol station | e **pè**trel **stee**sjen |
| een garage | a garage | e **Gæ**rââ(d)zj |
| een nationale weg | an A road | en ee rood |
| olie | oil | ojl |
| een parkeerplaats | a parking space | e **pââ**king spees |
| een parking | a car park | e kââ pââk |
| een secundaire weg | a B road | e bie rood |
| snelheid | speed | spied |
| verkeer | traffic | **træ**fik |
| een verkeersopstopping | a traffic jam | e **træ**fik dzjæm |
| de voorrang | the right of way | DHe rajt ev wee |
| een wegenkaart | a road map | e rood mæp |

\* Onthoud: het Engelse **petrol** betekent *benzine*!

*Hoe ga ik naar...?*
**How do I get to...?**
*haw doe aj Gèt toe*

*Kan ik hier parkeren?*
**Can I park here?**
*kæn aj pââk hiee'*

*Waar is het dichtstbijzijnde benzinestation?*
**Where is the nearest petrol station?**
wèr iz DHe **nie**rest **pè**trel **stee**sjen

*Ik moet tanken.*
**I need petrol.**
aj nied **pè**trel

*Voltanken, alstublieft.*
**A full tank, please.**
e foel tænk pliez

*Kunt u de bandendruk/olie nakijken?*
**Can you check the tyre pressure/oil?**
kæn joe tsjèk DHe **ta**je **prè**sje/ojl

## Problemen

*Is er een garage in de buurt?*
**Is there a garage near here?**
iz DHèr e **Gæ**râá(d)zj **nie**e **hie**e

*Ik heb een lekke band.*
**I have a flat tyre.**
aj hæv e flæt **ta**je

*Mijn auto wil niet starten.*
**My car won't start.**
maj kââ woont stâât

*De batterij is leeg.*
**The battery is flat.**
DHe **bæ**terie iz flæt

*Ik heb autopech gekregen.*
**I have had a breakdown.**
aj hæv hæd e **breek**dawn

*Kunt u het repareren?*
**Can you repair it?**
kæn joe ri**pèèr** it

*Hoelang zal het duren?*
**How long will it take?**
haw long wil it teek

*Hoeveel zal het kosten?*
**How much will it cost?**
*haw mütsj wil it kost*

## Auto-onderdelen

| een achteruitkijkspiegel | a rear-view mirror | e *rie*e vjoew *mi*re |
|---|---|---|
| een band | a tyre | e *ta*je |
| de benzinetank | the petrol tank | DHe *pè*trel tænk |
| het gaspedaal | the accelerator | DHi ek*sè*lereete |
| de handrem | a handbrake | DHe *hænd*breek |
| een knipperlicht | an indicator | en *in*dikeete |
| de koffer | the boot | DHe boet |
| een koplamp | a headlight | e *hèd*lajt |
| de koppeling | the clutch | DHe klütsj |
| de motor | the engine | DHi *èn*dzjin |
| de ontsteking | the ignition | DHi i*Gni*sjen |
| de remmen | the brakes | DHe breeks |
| een reservewiel | a spare wheel | e *spè*e wiel |
| de ruitenwissers | the windscreen wipers | DHe *wind*skrien *waj*pez |
| de starter | the starter | DHe *stââ*te |
| het stuur | the steering wheel | DHe *stie*ring wiel |
| een veiligheidsgordel | a seat belt | e siet bèlt |
| de versnellingen | the gears | DHe *Gie*ez |
| de versnellingsbak | the gearbox | DHe *Gie*eboks |
| een wiel | a wheel | e wiel |

## Verkeersborden

| **CONGESTION CHARGING** | *ken***dzjès***tsjen* *tsjââdzjing* | *STEDELIJKE TOLZONE* (Londen) |
|---|---|---|
| **DETOUR** | ***die****toer* | *OMLEIDING* |

| DUAL CARRIAGEWAY | djoeel karidzjwee | EXPRESWEG |
|---|---|---|
| ENGAGE LOW GEAR | inGeedzj loow Giee | REMMEN OP DE MOTOR |
| GIVE WAY | Giv wee | DOORGANG VERLENEN |
| NO THROUGH ROAD | noo THroe rood | GEEN DOORGANG |
| ONE WAY | wün wee | EENRICHTINGSVERKEER |
| REDUCE SPEED NOW | ridjoes spied naw | NU SNELHEID MINDEREN |
| ROAD WORKS | rood wëëks | WEGWERKZAAMHEDEN |
| ROUNDABOUT | raundebaut | ROTONDE |
| SAFE HEIGHT | seef Hajt | HOOGTEBEPERKING |
| SOFT VERGES | soft vëëdzjiz | ONVERHARDE ZIJBERMEN |
| DRIVE SLOWLY | drajv sloowlie | LANGZAAM RIJDEN |

## ↗ In de stad

*Een stad* heet **a town** voor een middelgrote stad en **a city** voor een belangrijke agglomeratie (er is geen officiële definitie, maar elke **city** heeft een kathedraal).
De hoofdstraat heet dikwijls **the High Street** (zoals bij ons de *Hoogstraat*).

### De weg vinden

| een kaart, plan | **a map** | e mæp |
| de oude stad | **the old city/town** | DHi oold sitie/tawn |
| een richting | **a direction** | e dirèksjen |
| een stad | **a city/town** | e sitie/tawn |
| het stadscentrum | **the city/town centre** | DHe sitie/tawn sènte |
| een straat | **a street** | e striet |
| een voetgangerszone | **a pedestrian precinct** | e pedèstri-en priesinkt |
| een voorstad | **a suburb** | e sübëëb |

*Excuseert u me, waar is…?*
**Excuse me, where is…?**
èks**kjoez** *mie wèr iz*

| Het is… | It's… | its |
|---|---|---|
| rechts. | on the right. | on DHe rajt |
| links. | on the left. | on DHe lèft |
| op de hoek. | on the corner. | on DHe **koo**ne |
| na het kruispunt. | after the crossroads. | **ââf**te DHe **kros**roodz |
| na het verkeerslicht. | after the traffic light. | **ââf**te DHe **træ**fik lajt |
| een 90 meter verderop. | a hundred yards further on. | e **hün**dred jâådz **fëë**DHer on |
| achter. | behind. | **bi**hajnd |
| tegenover. | opposite. | **o**pezit |
| rechtdoor. | straight on. | street on |

| noord | north | nooTH |
|---|---|---|
| zuid | south | sauTH |
| oost | east | iest |
| west | west | wèst |

De windstreken worden geschreven met een koppelteken, bijv.:
*noordoost(en)* - **north-east**.

*Is dit de juiste weg naar het station?*
**Is this the right way to the station?**
*iz DHis DHe rajt wee toe DHe* **stee**sjen

*Is het ver te voet?*
**Is it far on foot?**
iz it fââr on foet

*Kunt u het me tonen op de kaart?*
**Can you show me on the map?**
kæn joe sjoow mie on DHe mæp

*Ik ben verdwaald.*
**I am lost.**
aj æm lost

*Neem de tweede (straat) links.*
**Take the second (street) on the left.**
teek DHe **sè**kend striet on DHe lèft

*U gaat de verkeerde kant uit.*
**You are going the wrong way.**
joe ââ **Goo**ing DHe rong wee

*Blijf rechtdoor gaan.*
**Keep straight on.**
kiep street on

*U moet rechtsomkeert maken.*
**You have to do a U-turn.**
joe hæv toe doe e joe tëën

*Bedankt voor uw hulp.*
**Thanks for your help.**
THænks for jor hèlp

## Metro, bus en tram

Naast de beroemde Londense **Tube**, gemeenzame benaming voor de **London Underground**, zijn er metrosystemen die de stad Newcastle en omgeving in het noordwesten van Engeland (**the Metro** geheten) aandoen alsook Glasgow in Schotland (**the Subway**). Er bestaat ook een tiental tramlijnen.

| een bus | a bus | e büs |
|---|---|---|
| een bushalte | a bus stop | e büs stop |
| een halte op verzoek | a request stop | e rik**wèst** stop |
| de metro | the Underground (algemeen) | DHi **ün**deGraund |
|  | the Tube (Londen) | DHe tjoeb |
| een metrostation | an Underground/ Tube station | en **ün**deGraund/ tjoeb **stee**sjen |
| een tram(spoor) | a tram(way) | e træm(wee) |

*Excuseert u me, is er een metrostation/bushalte in de buurt?*
**Excuse me, is there an Underground station/a bus stop near here?**
èks**kjoez** mie iz DHèr en **ün**deGraund steesjen/e büs stop **nie**e **hie**e

*Waar kan ik een kaartje kopen?*   *Waar stappen we af/uit?*
**Where can I buy a ticket?**   **Where do we get off?**
**wè**e kæn aj baj e **ti**kit   **wè**e doe wie Gèt of

## Een tentoonstelling, museum, enz. bezoeken

Van de neolithische stenen van Stonehenge in het westen van Engeland tot de spookkastelen in Schotland over de hippe kunstgaleries in Whitechapel of Liverpool: Groot-Brittannië vloeit over van culturele en toeristische rijkdom voor alle leeftijden en interessen. Ook meegenomen: veel grote musea zijn gratis!

| een (be)geleid bezoek | a guided tour | e **Gaj**did toer |
| --- | --- | --- |
| de ingang | the entrance | DHi **èn**trens |
| een korting | a discount | e **dis**kaunt |
| een kunstgalerie | an art gallery | en âât **Gæ**lerie |
| een museum | a museum (historique) a art gallery (peinture, etc.) | e mjoe**zie**em en âât **Gæ**lerie |
| een souvenirwinkel | a gift shop | e **Gift** sjop |
| een tentoonstelling | an exhibition | en èksi**bi**sjen |
| een ticketbalie | a ticket office | e **ti**kit **o**fis |
| een toegangskaartje | a ticket | e **ti**kit |
| vrije toegang | admission free | ed**mi**sjen frie |

*Ik zoek de ticketbalie.*
**I am looking for the ticket office.**
aj æm **loe**king fo DHe **ti**kit **o**fis

*Twee volwassenen en één kind, alstublieft.*
**Two adults and one child, please.**
toe **æ**dülts ænd wün tsjajld pliez

*Hoe laat is de laatste toegang?*
**What time is the last entry?**
wot tajm iz DHe lââst **èn**trie

## Bezienswaardigheden

| een abdij | an abbey | en **æ**bie |
| --- | --- | --- |
| een bibliotheek | a library | e **laj**brerie |
| een kasteel | a castle | e **kââ**sel |
| een markt | a market | e **mââ**kit |
| een paleis | a palace | e **pæ**les |

| het parlementsgebouw | the parliament building<br>the Houses of Parliament (Londen) | DHe **pââ**lement **bil**ding<br>DHe **hau**ziz ev **pââ**lement |
|---|---|---|
| een graf | a tomb | e toem |
| een toren | a tower | e **ta**we |
| een tuin | a garden | e **Gââ**den |
| een universiteit | a university | e joeni**vëë**setie |
| een winkelcentrum | a shopping centre/mall | e **sjo**ping **sen**te/mool |
| een zoo, dierentuin | a zoo | e zoe |

## Naar de bioscoop, het theater, een concert,...

In Londen liggen de belangrijkste theaters en bioscopen geconcentreerd in de centrale buurt die... **West End** ("westelijk uiteinde") heet!

| een bioscoop | a cinema | e **si**nemââ |
|---|---|---|
| een bioscoopcomplex | a multiplex | e **mül**tiplèks |
| een concert | a concert (classiek)<br>a gig (rock, pop, enz.) | e **kon**set<br>e GiG |
| een concertzaal | a concert hall | e **kon**set hool |
| een groep | a band | e bænd |
| een loket/kaartverkoop | a box office | e boks **o**fis |
| een plaats | a seat | e siet |
| een opera | an opera (stuk)<br>an opera house (gebouw) | en **o**pre<br>en **o**pre haus |
| een orkest | an orchestra | en oo**kès**tre |
| een theater | a theatre | e **THie**ete |

*Hoe laat begint de film?*
**When does the film start?**
wèn düz DHe film stâât

*Is de film ondertiteld?*
**Is the film subtitled?**
iz DHe film **süb**tajteld

*Ik had graag twee plaatsen voor het concert van vanavond, alstublieft.*
**I would like two seats for tonight's concert, please.**
*aj woed lajk toe siets fo te**najts kon**set pliez*

*U kunt tickets kopen aan het loket of online.*
**You can buy tickets at the box office or online.**
*joe kæn baj **ti**kits æt DHe boks **o**fis or on**lajn***

*De show is uitverkocht.*
**The show is sold out.**
*DHe sjoow iz soold aut*

## 's Nachts

De Londense nachtclubs, uiteraard, maar ook die in Manchester, Leeds, Brighton, Glasgow en vele andere Britse steden behoren tot de beste van Europa. Wat woordenschat om het maximum uit de plaatselijke **club scene** te halen:

| een (nacht)club | a club | e klüb |
|---|---|---|
| de kledingvoorschriften | the dress code | DHe drès kood |
| een portier | a doorman | e **doo**men |
| een thema-avond | a theme night | e THiem najt |
| een singlesavond | a singles night | e **sin**Gelz najt |
| het toegangsbeleid | the door policy | DHe dooe **po**lesie |
| toegangsprijs | entry fee | **èn**trie fie |
|  | cover charge | **kü**ve tsjâådzj |
| uitgaan | to go clubbing | toe Goo **klü**bing |
| vestiaires | cloakrooms | **klook**roemz |

# In het postkantoor

| een brief | a letter | e lète |
|---|---|---|
| een brievenbus | a letter box | e lète boks |
| een envelop | an envelope | en ènveloop |
| een pak(ket) | a parcel | e pååsel |
| post, briefwisseling | mail | meel |
| een post-, briefkaart | a post card | e poost kååd |
| een postkantoor | a post office | e poost ofis |
| een postzegel | a stamp | e stæmp |
| aangetekend | by recorded mail | baj ri**koo**did meel |
| per expresse | by express mail | baj iks**près** meel |
| per luchtpost | by airmail | baj **èe**meel |

*Waar is het dichtstbijzijnde postkantoor?*
**Where is the nearest post office?**
wèr iz DHe **nier**est poost **o**fis

*Ik zou postzegels willen voor Europa.*
**I would like some stamps for Europe.**
aj woed lajk süm stæmps for **joe**rep

*Ik wil deze brief aangetekend versturen, alstublieft.*
**I want to send this letter by recorded mail, please.**
aj wont toe sènd DHis **lè**te baj ri**koo**did meel pliez

# Telefoneren

Bij het opnemen, zeggen Britten meestal **Hello?** Sommigen zeggen ook hun nummer. Telefoonnummers worden "gespeld", dus met elk cijfer apart. Nul wordt uitgesproken als de letter **o:** *[oo]*.

| een gsm, mobiele telefoon | **a mobile (phone)** | e **moo**bajl (foon) |
|---|---|---|
| inlichtingendienst | **directory enquiries** | de**rèk**terie in**kwaj**riez |
| een netnummer, een landnummer | **a dialling code** **a country code** | e **da**jeling kood e **kün**trie kood |
| een oplader | **a charger** | e **tsjââ**dzje |
| een simkaart | **a SIM card** | e sim kââd |
| een sms | **an SMS** | en èsèmès |
| een telefoon | **a phone** **a telephone** (formel) | e foon e **tè**lefoon |
| een telefoongids | **a phone book** | e foon boek |
| een telefoonnummer | **a phone number** | e foon **nüm**be |
| voicemail | **voicemail** | **vojs**meel |

*Ik moet telefoneren.*
**I must make a phone call.**
aj müst meek e foon kool

*Hallo, dit is het nummer 275 329 2701.*
**Hello, this is two seven five, three two nine, two seven oh one.**
hèloo DHis iz toe sèven fajv THrie toe najn toe sèven oo wün

*Wie is er aan de lijn?*
**Who is speaking?**
hoe iz **spie**king

*Kan ik Simon spreken?*
**Can I speak to Simon?**
kæn aj spiek toe **saj**men

*Ik zou een boodschap willen achterlaten voor Sheila.*
**I would like to leave a message for Sheila.**
aj woed lajk toe liev e **mès**idzj fo **sjie**le

*Wat is het landnummer voor België/Nederland?*
**What is the country code for Belgium/the Netherlands?**
wot iz DHe **kün**trie kood fo **bèl**dzjem/DHe nè**DHe**lendz

*Wat is uw telefoon-/mobiel nummer?*
**What is your phone/mobile number?**
wot iz jor foon/**moo**bajl **nüm**be

*Kunt u me terugbellen?*
**Can you call me back?**
kan joe kool mie bæk

*Drukt u op "sterretje"/"hekje".*
**Please press "star"/"pound".**
pliez près stââ/paund

## Internet

*Is er een internetcafé in de buurt?*
**Is there an Internet café near here?**
iz DHèr en **in**tenèt **kæ**fee **nie**e **hie**e

*Ik moet mijn e-mails checken.*
**I need to check my email.**
aj nied to tsjèk maj **ie**meel

*Hoe geraak ik online?*
**How do I get online?**
haw doe aj Gèt on**lajn**

T.a.v. gebruikers van een AZERTY-toetsenbord: in Groot-Brittannië is het QWERTY-klavier gebruikelijk, waarop de toetsen dus anders gerangschikt staan!

*Hebt u een AZERTY-toetsenbord?*
**Do you have an AZERTY keyboard?**
doe joe hæv en **æ**zëëtie **kie**booed

*Hoe vorm ik het apenstaartje?*
**How do I get the "at" sign?**
haw doe aj Gèt DHe æt sajn

(Zie p. 145-146 voor meer computerwoordenschat.)

# Diefstal of verlies aangeven

Dit zijn de overheden en diensten waar u terecht kunt bij diefstal of verlies:

## *Wat u zoekt...*

| een ambassade | **an embassy** | en **èm**besie |
|---|---|---|
| een consulaat | **a consulate** | e **kon**s-jelet |
| de politie | **the police** | DHe pelies |
| een politiebureau | **a police station** | e pelies **stee**sjen |

*Ik zoek het Belgisch/Nederlands consulaat.*
**I'm looking for the Belgian/Dutch consulate.**
*ajm loeking fo DHe bèldzjen/dütsj kons-jelet*

## *Wat u kunt verliezen...*

*Ik wil een diefstal aangeven.*
**I want to report a theft.**
*aj wont tue ripoot e THèft*

*Mijn ... werd/werden gestolen.*
**My ... has/have been stolen.**
*maj ... hæz/hæv bien stoolen*

| **Ik heb mijn... verloren.** | **I have lost my...** | aj hæv lost maj |
|---|---|---|
| fototoestel | camera. | **kæm**re |
| handtas | handbag. | **hænd**bæG |
| horloge | watch. | wotsj |
| identiteitskaart | identity card. | aj**dèn**tetie kââd |
| kredietkaart | credit card. | **krè**dit kââd |
| papieren | papers. | **pee**pez |

| paspoort | passport. | **pââs**poot |
|---|---|---|
| portefeuille | wallet. | **wo**lit |
| portemonnee | purse. | pëës |

*Ik heb een officieel document nodig voor mijn verzekering.*
**I need an official document for my insurance.**
aj nied en e**fi**sjel **dok**joement fo maj in**sjoe**rens

## In de bank

De officiële valuta is in Groot-Brittannië *het pond sterling* - **the pound** (**sterling** wordt gebruikt om de munt eerder dan de eenheden aan te duiden, zoals de euro of dollar). Die wordt onderverdeeld in honderdsten: **a penny** met **pence** in het meervoud. U zult wellicht ook het onveranderlijke **quid** horen, het slang woord voor *een pond/ponden*.

| een bank | a bank | e bænk |
|---|---|---|
| een bankbiljet | a note/a banknote | e noot/e **bænk**noot |
| geld | money | **mü**nie |
| een geldautomaat | an ATM<br>a cash machine | en **ee**tieëm<br>e **kæ**sj me**sjien** |
| een kredietkaart | a credit card | e **krè**dit **kââd** |
| een muntstuk | a coin | e kojn |
| een rekening | an account | en e**kaunt** |
| vreemde munt | foreign currency | **fo**ren **kü**rensie |
| wisselgeld | change | tsjeendzj |
| een wisselkantoor | a bureau de change/<br>moneychanger | e **bjoe**roo de sjanzj/<br>**mü**nie**tsjeen**dzje |

*Kan ik euro's wisselen voor ponden?*
**Can I change euros for pounds?**
kæn aj tsjeendzj **joe**rooz fo paundz

*We zouden de tegenwaarde van 500 € willen opnemen.*
**We would like to withdraw the equivalent of five hundred euros.**
wie woed lajk toe wiTH**droo** DHi i**kwi**velent ev fajv **hün**dred **joe**rooz

*Waar kan ik een geldautomaat vinden?*
**Where can I find an ATM / a cash machine?**
**wè**e kæn aj fajnd en eetieèm / e kæsj me**sjien**

*Zal mijn kaart werken in dit toestel?*
**Will my card work in this machine?**
wil maj kââd wëëk in DHis me**sjien**

## ↗ Water- en andere sporten

Als eiland heeft Groot-Brittannië geen gebrek aan stranden! Van de duinen achter Saunton Sands in Devon tot de "blauwe lagune" van Abereiddi in Wales over het witte, fijne zand van Sinclair's Bay in het uiterste noorden van Schotland: voor ieder wat wils. En voor surfliefhebbers is de kust van Cornwall een echt paradijs, met als epicentrum het gezellige vishaventje van Newquay, *[njoekie]*.

| | | |
|---|---|---|
| duiken | **to dive/diving** | toe dajv/**daj**ving |
| een golf | **a wave** | e weev |
| hoog-/laagtij | **high/low tide** | haj/loow tajd |
| een ligstoel | **a deckchair** | e **dèk**tsjèe |
| een redder, strandwachter | **a lifeguard** | e **lajf**Gââd |
| een strand | **a beach** | e bietsj |
| surfen | **surfing** | **sëë**fing |
| een surfplank | **a surfboard** | e **sëëf**booed |

| zand | **sand** | sænd |
|---|---|---|
| de zee | **the sea** | DHe sie |
| een zwembad | **a swimming pool** | e **swim**ing poel |

*Is er een zandstrand in de buurt?*
**Is there a sandy beach near here?**
iz DHèr e **sæn**die bietsj **nie**e **hie**e

*Is het veilig zwemmen hier?*
**Is it safe to swim here?**
iz it seef toe swim **hie**e

*Is er in de stad een openlucht-/overdekt zwembad?*
**Does the town have an open-air/indoor swimming pool?**
düz DHe tawn hæv en **oo**pen-**è**e/**in**dooe **swi**ming poel

*Waar is de beste plaats om te surfen?*
**Where is the best place to surf?**
wèr iz DHe bèst plees toe sëëf

## Andere sportactiviteiten

| golf | **golf** | Golf |
|---|---|---|
| joggen | **jogging** | **dzjo**Ging |
| mountainbiken | **mountain biking** | **maun**ten **baj**king |
| tennis | **tennis** | **tè**nis |
| wandelen, trekken | **hiking** | **haj**king |
| windsurfen | **windsurfing** | **wind**sëëfing |

Vergeten we ten slotte niet het *skiën* - **skiing** en het *sneeuwsurfen* of *snowboarden* - **snowboarding**, want hoewel veel Britten naar het buitenland trekken voor wintersport, hebben de skioorden gelegen in het Cairngorms in Schotland ook hun fans.

## Kamperen

| | | |
|---|---|---|
| een camper, kampeerauto | a camper (van) | e **kæm**pe (væn) |
| camping / een kampeerterrein | camping / a campsite | **kæm**ping / e **kæmp**sajt |
| een caravan | a caravan | e **kæ**revæn |
| een grondzeil | a groundsheet | e **Graund**sjiet |
| een luchtmatras | an airbed | en **èe**bèd |
| een slaapzak | a sleeping bag | e **slie**ping bæG |
| een tent | a tent | e tènt |
| een tent opzetten | to pitch a tent | toe pitsj e tènt |

*Kunnen we hier kamperen?*
**Can we camp here?**
kæn wie kæmp **hie**e

*We zoeken een kampeerterrein.*
**We are looking for a campsite.**
wie åå **loe**king for e **kæmp**sajt

*Hoeveel kost het voor een tent?*
**How much is the pitch fee?**
haw mütsj iz DHe pitsj fie

Meer zaken die het kamperen aangenaam maken:

| | | |
|---|---|---|
| een blikopener | a tin opener | e tin **oo**pene |
| butagas | butane gas | **bjoe**teen Gæs |
| een flesopener | a bottle opener | e **bo**tel **oo**pene |
| een hamer | a mallet | e **mæ**lit |
| een koord | a rope | e roop |

| een kurkentrekker | a corkscrew | e **kook**skroew |
| --- | --- | --- |
| een mes | a knife | e najf |
| een primusbrander | a primus stove | e **praj**mes stoov |
| een tentpin, -haring | a tent peg | e tènt pèG |
| een thermosfles | a thermos flask / a vacuum flask | e **THëë**mes flââsk / e **væ**kjoe-em flââsk |
| een veldbed | a camp bed | e kæmp bèd |

## ↗ **Overnachten**

Algemeen beschouwd zijn hotels vrij duur in Groot-Brittannië. Een goed alternatief is de **bed and breakfast** ("bed en ontbijt" - *gastenkamer*). Wenst u een paar dagen of weken te blijven, ga dan op zoek naar **self-catering accommodation** ("zelf-voor-eten-zorgende accomodatie" - *apart logies met keuken*).

| een gastenverblijf | a guesthouse | e **Gèst**haus |
| --- | --- | --- |
| een hotel | a hotel | e hoo**tèl** |
| een jeugdherberg | a youth hostel | e joeTH **hos**tel |
| kamer(s) vrij | vacancy(-ies) | **vee**kensie/**vee**kensiez |
| volgeboekt | no vacancy(-ies) | noo **vee**kensie/ **vee**kensiez |

Met...

| een kamer | a room | e roem |
| --- | --- | --- |
| een eenpersoons-/tweepersoonskamer | a single/double room | e **sin**Gel/**dü**bel roem |
| een bed | a bed | e bèd |
| een eenpersoons-/tweepersoonsbed | a single/double bed | e **sin**Gel/**dü**bel bèd |
| een kinderbed | a cot | e kot |

| airco(nditioning) | **air-conditioning** | èe ken**di**sjening |
| een badkamer | **a bathroom** | e **bââTH**roem |
| een douche | **a shower** | e **sja**we |
| een toilet | **a toilet** | e **toj**let |

## Een kamer reserveren

*Hebt u een kamer voor twee nachten?*
**Do you have a room for two nights?**
doe joe hæv e roem fo toe najts

*We hebben een kamer vrij.*
**We have a room free.**
wie hæv e roem frie

*Ik vrees dat we volgeboekt zijn.*
**I'm afraid we're full.**
ajm e**freed wie**e foel

*Hoeveel kost een eenpersoonskamer per nacht?*
**How much is a single room per night?**
haw mütsj iz e **sin**Gel roem per najt

*Is het ontbijt inbegrepen?*
**Is breakfast included?**
iz **brèk**fest in**kloe**did

*Hebt u iets goedkopers?*
**Do you have anything cheaper?**
doe joe hæv **è**niTHing **tsjie**pe

*We nemen ze.*
**We will take it.**
*wie wil teek it*

## Aan de receptie

*Ik heb een kamer gereserveerd op naam van...*
**I reserved a room in the name of...**
*aj ri**zëë**vd e roem in DHe neem ev*

*We blijven drie nachten.*
**We will be staying three nights.**
*wie wil bie **stee**ing THrie najts*

*Hoe laat wordt het ontbijt geserveerd?*
**What time is breakfast served?**
*wot tajm iz **brèk**fest sëëvd*

*Is er wifi in de kamer?*
**Is there wifi in the room?**
*iz **DHè**e wajfaj in DHe roem*

*Is er roomservice beschikbaar?*
**Is room service available?**
*iz roem **sëë**vis e**vee**lebel*

Nog twee nuttige uitdrukkingen zijn:
**to check in** - "zich melden om de kamer te betrekken" en
**to check out** - "de kamer verlaten en afrekenen".

*Hoe laat moeten we uitchecken?*
**What time do we have to check out?**
*wot tajm doe wie hæv toe tsjèk aut*

| de ontbijtruimte | **the breakfast room** | DHe **brèk**fest roem |
| de receptie | **the reception** | DHe ri**sèp**sjen |
| het restaurant | **the restaurant** | DHe **rès**tront |
| de toiletten | **the toilets** | DHe **toj**lets |

Als u iets nodig hebt in uw kamer:

| **Kan ik... hebben?** | **May I have...?** | mee aj hæv |
| een badhanddoek | **a bath towel** | e bââTH **ta**wel |
| een deken | **a blanket** | e **blæn**kit |
| een hoofdkussen | **a pillow** | e **pi**loow |
| shampoo | **some shampoo** | süm sjæm**poe** |
| zeep | **some soap** | sëm soop |

## Ontbijten

Het fameuze **full English breakfast** ("Engels volledig ontbijt") is een stevige warme maaltijd bestaande uit eieren, worst, gerookt spek, witte bonen in tomatensaus en paddenstoelen, waar in Schotland nog bloedworst of zelfs **porridge** (havervlokkenpap) bijkomt. Hierbij wordt thee of koffie gedronken. Verkiest u het wat lichter, opteer dan voor een **continental breakfast,** met ontbijtgranen en -koeken en fruit.

| | | |
|---|---|---|
| een bord | a plate | e pleet |
| boter | butter | **bü**te |
| brood | bread | brèd |
| wit~ | white ~ | wajt ~ |
| volkoren~ | wholemeal ~ | **hool**miel ~ |
| geroosterd ~, toast | toast | toost |
| een broodje | a roll | e rool |
| citroen | lemon | **lè**men |
| eieren | eggs | èGz |
| gebakken ~ | fried ~ | frajd ~ |
| roer~ | scrambled ~ | **skræm**beld ~ |
| zachtgekookte ~ | soft-boiled ~ | **soft** bojld ~ |
| hardgekookte ~ | hard-boiled ~ | **hââd** bojld ~ |
| ham | ham | hæm |
| een glas | a glass | e Glââs |
| honing | honey | **hü**nie |
| jam, confituur | jam | dzjæm |
| kaas | cheese | tsjiez |
| koffie | coffee | **ko**fie |
| een kopje | a cup | e küp |
| een lepel | a spoon | e spoen |
| margarine | margarine | mââdzje**rien** |
| melk | milk | milk |
| een mes | a knife | e najf |
| muesli | muesli | **mjoez**lie |
| paddenstoelen | mushrooms | **müsj**roemz |
| peper | pepper | **pè**pe |
| pruimen | prunes | proenz |
| sinaasappel-/grapefruit-, pompelmoessap | orange/grapefruit juice | **o**rindzj/**Greep**froet dzjoes |
| spek | bacon | **bee**ken |
| suiker | sugar | **sjoe**Ge |
| thee | tea | tie |

| een vork | **a fork** | e fook |
| warme chocolademelk | **hot chocolate** | hot **tsjok**let |
| water | **water** | **woo**te |
| een worst | **a sausage** | e **so**sidzj |
| yoghurt<br>~ natuur<br>~ met fruit | **yoghurt**<br>**plain ~**<br>**fruit ~** | **jo**Get<br>pleen ~<br>froet ~ |
| zout | **salt** | soolt |

### Een paar specialiteiten

**Black pudding** *[blæk poe*ding*]*: bloedworst
**Baked beans** *[beekt bienz]*: witte bonen in tomatensaus
**Fried bread** *[frajd brèd]*: in reuzel gebakken brood
**Kippers** *[ki*pez*]*: gezouten en gerookte haring
**Marmalade** *[mââmeleed]*: jam van bittere sinaasappelen
**Marmite**® *[mââmajt]*: smeerpasta op basis van gistextract en kruiden
**Porridge** *[po*ridzj*]*: havervlokkenpap.

## Problemen

Mocht er zich in uw kamer een probleem voordoen, gebruik dan een van de volgende zinnen waar u het woord voor wat hapert inlast:

*De/Het... werkt/werken niet.*     *De/Het...is/zijn stuk.*
**The... isn't working.**     **The... is broken.**
*DHe... izent* **wëë**king     *DHe... iz* **broo**ken

| airco | **air-conditioning** | èe ken**di**sjening |
| kraan | **tap** | tæp |

| | | |
|---|---|---|
| lamp | **lamp** | læmp |
| licht | **light** | lajt |
| peertje | **light bulb** | lajt bülb |
| schakelaar | **light switch** | lajt switsj |
| stopcontact | **power socket** | **pa**we **so**kit |
| telefoon | **phone** | foon |
| toilet | **toilet** | **toj**let |
| tv | **TV** | tie**vie** |
| verwarming | **heating** | **hie**ting |

*Ik kan de airco niet lager zetten.*
**I can't turn down the air conditioning.**
aj kâânt tëen dawn DHi èe ken**di**sjening

*Er is geen warm water.*
**There is no hot water.**
DHèr iz noo hot **woo**te

*Kunt u ons toiletpapier brengen, alstublieft?*
**Can you bring us some toilet paper, please?**
kæn joe bring üs süm **toj**let peepe pliez

## Afrekenen

*Kan ik de rekening voor kamer 12 hebben, alstublieft?*
**Can I have the bill for room twelve, please?**
kæn aj hæv DHe bil fo roem twèlv pliez

*Kunt u een taxi voor ons roepen?*
**Can you call us a taxi?**
kæn joe kool üs e **tæk**sie

*Ik heb een kwitantie nodig.*
**I need a receipt.**
aj nied e ri**siet**

*Mogen we onze bagage aan/bij de receptie laten staan tot vanavond?*
**May we leave our luggage at the reception desk until this evening?**
mee wie liev **a**we l**ü**Gidzj æt DHe ri**sèp**sjen dèsk ün**til** this **ie**vning

## ↗ Eten en drinken

Lange tijd genoot de Britse keuken een slechte reputatie, doch sinds een twintigtal jaar heerst er een revolutie. Een van de beste plekken om lokale specialiteiten te proeven is **the pub** (verkorting van **public house**), waar niet alleen bier en andere dranken geserveerd wordt, maar ook gerechten (zie p. 120-121; 126) gaande van eenvoudige salades tot culinaire creaties de grote gastronomische gidsen waardig (deze zaken heten trouwens **gastropubs**). Voor de simpele keuken moet u naar **a café** (uitgesproken als *[kæfee]*). En mocht u zin hebben in de beroemde **afternoon tea** (geen tussen- maar een volwaardige maaltijd, met sandwiches, gebak enz. en thee als drank), ga dan naar een **tea room** ("theekamer") waarvan er veel zijn in Britse steden. Uiteraard zijn er ook nog altijd de klassieke **restaurants** *[restronts]*!

| | | |
|---|---|---|
| *lunch, middagmaal* | **lunch** | lüntsj |
| *diner, avond- of hoofdmaal* | **dinner** | **di**ne |
| *souper, licht avondmaal* | **supper** | **sü**pe |
| *afternoontea, theemaaltijd in de namiddag* | **(afternoon) tea** **high tea** | (**ââf**tenoen) tie haj tie |
| *een snack, tussendoortje* | **a snack** | e snæk |

# In een restaurant

*Ik zou een tafel willen reserveren voor twee voor vanavond.*
**I would like to reserve a table for two for this evening.**
*aj woed lajk toe ri**zëëv** e **tee**bel fo toe fo DHis **ie**vning*

*We hebben niet gereserveerd.*
**We do not have a reservation.**
*wie doe not hæv e rèze**vee**sjen*

*Hebt u een tafel voor vier?*
**Do you have a table for four?**
*doe joe hæv e **tee**bel fo fooe*

*Hoe laat neemt u de laatste bestellingen op?*
**What time do you take last orders?**
*wot tajm doe joe teek lââst **oo**dez*

*Neemt u kredietkaarten aan?*
**Do you take credit cards?**
*doe joe teek **krè**dit kââdz*

| een voorgerecht | a starter | e **stââ**te |
|---|---|---|
| een hoofdgerecht | a main course | e meen **koo**es |
| een kaasschotel | a cheese board | e tsjiez booed |
| een nagerecht | a dessert/a sweet | e di**zëët**/e swiet |

*We zouden willen bestellen, alstublieft.*
**We would like to order, please.**
*wie woed lajk toe **oo**de pliez*

*Wat zou u aanbevelen als hoofdgerecht?*
**What would you recommend as a main course?**
*wot woed joe rèke**mènd** æz e meen **koo**es*

*We zijn vegetariërs/veganisten.*
**We are vegetarians/vegans.**
*wie ââ vèdzje**tèè**rjenz/**vie**Genz*

## Afrekenen

*Kunnen we de rekening krijgen, alstublieft?*
**May we have the bill, please?**
*mee wie hæv DHe bil pliez*

*Is de bediening inbegrepen?*
**Is service included?**
*iz **sëë**vis in**kloe**did*

*Het was heerlijk!*
**It was delicious!**
*it woz di**li**sjes*

## Problemen

*Het vlees is te weinig/te hard gebukken.*
**The meat is under-cooked/over-cooked.**
*DHe miet iz **ün**de-koekt/**oo**ve-koekt*

*Dit hebben we niet besteld.*
**We didn't order this.**
*wie **di**dent **oo**de DHis*

*We wachten al een hele tijd.*
**We have been waiting for a long time.**
*wie hæv bien **wee**ting for e long tajm*

*Het is koud.*
**It's cold.**
*its koold*

## Specialiteiten en traditionele gerechten

Het Engelse gastronomische landschap wordt gekenmerkt door enerzijds een grote regionale variëteit, anderzijds een jammerlijke homogeniteit ten gevolge van de proliferatie van fastfoodketens. Terwijl de exotische culinaire tradities, namelijk die uit het Indische subcontinent (India, Bangladesh, Pakistan) al lang ingeworteld blijken, zijn de avontuurlijke jonge chefs de traditionnele Britse keuken aan het heruitvinden. Kortom, u zult dingen ontdekken, soms misleid, zoals door **spotted dick and custard**, een soort cake met rozijnen, gedroogde vruchten en vet overgoten met **custard** - *crème anglaise*, en producten proeven van hoogstaande kwaliteit (vlees, vis, schaal- en schelpdieren, fruit, enz.). Tot slot moet u een emblematisch gerecht proberen, **fish and chips**, gepaneerde vis met frietjes, traditioneel op smaak gebracht met moutazijn en verpakt in krantenpapier om mee te nemen en al wandelend op te eten. Heerlijk!

*Wat zijn de plaatselijke specialiteiten?*
**What are the local specialities?**
*wot ââ DHe loo*kel *spèsjiæletiez*

Een overzichtje van nationale en regionale specialiteiten:

**Bangers and mash** *[bængez ænd mæsj]*: gebakken worsten met aardappelpuree

**Bubble and squeak** *[bübel ænd skwiek]*: aardappel en kool (doorgaans restjes) gebakken in de pan met ui

**Cornish pasty** *[koonisj pæstie]*: gebakje gevuld met vleesgehakt

**Faggot** *[fæGet]*: balletje van gehakt varkensvlees en lever

**Jellied eels** *[dzjèlied ielz]*: palingen in gelei

**Pork pie** *[pook paj]*: varkensvleestaartje. De beste komen uit de stad Melton Mowbray in het noordoosten van Engeland

**Shepherd's pie / Cottage pie** *[sjèpedz paj / kotidzj paj]:* ovenschotel van lams- of rundergehakt overdekt met aardappelpuree (**a shepherd** - *een herder*)

**Steak and kidney pie/pudding** *[steek ænd kidnie paj/poeding]*: taart of pudding gevuld met rundvlees en niertjes

**Yorkshire pudding** *[jooksje poeding]*: flensjesdeeg gebakken in de oven en traditioneel opgediend met **roast beef** (*rundsgebraad*).

## Desserten

**Bakewell tart** *[beekwèl tâât]*: taartje met jam en amandelpoeder

**Fool** *[foel]*: fruitmousse met room

**Lardy cake** *[lââdie keek]*: cake gemaakt van brooddeeg, reuzel en rozijnen

**Mince pie** *[mins paj]*: taartje met gekonfijt fruit, traditioneel gegeten met Kerstmis

**Scone** *[skoon]*: melkbroodje, gegeten met jam en room bij de **afternoon tea**

**Trifle** *[trajfel]*: laagjes van banketbakkersroom, fruit, cake, slagroom,... Vaak wordt een scheutje zoete sherry toegevoegd, waardoor het... **sherry trifle** wordt.

## *Kaas*

Behalve **Cheddar** (oranje-gele kaas) en **Stilton** (geaderde kaas) zijn Britse kazen bij ons weinig bekend. En toch… Verwen uzelf en ontdek de:

de **Caerphilly** (brokkelige kaas uit Wales)

de **Wensleydale** (met honingsmaak)

de **Double Gloucester** (gemaakt van ochtend- en avondmelk, vanwaar z'n naam)

de geduchte **Stinking Bishop** - alleen de naam al! - (kaas met karakter waarvan de korst gewassen wordt met perenwijn).

Jawel, een kaasschotel van de overzijde van het kanaal houdt onvermoede pareltjes in!

## Etenswaar

### *Vis/schaal- en schelpdieren* - Fish/shellfish *[fisj/sjèlfisj]*

| *dorade* | **sea bream** | *(sie) briem* |
|---|---|---|
| *forel* | **trout** | *traut* |
| *garnaal* | **shrimp** | *sjrimp,* |
| *grote garnaal* | **prawn** | *proon* |
| *kabeljauw* | **cod** | *kod* |
| *kreeft* | **lobster** | *lobste* |
| *langoest* | **crawfish** | *kroofisj* |
| *langoustine* | **Dublin Bay prawn** | *düblin bee proon* |
| *makreel* | **mackerel** | *mækrel* |
| *oester* | **oyster** | *ojste* |
| *paling* | **eel** | *iel* |
| *sardine* | **sardine** | *sââdien* |
| *schol* | **plaice** | *plees* |
| *tarbot* | **turbot** | *tëëbet* |
| *tong* | **sole** | *sool* |

| tonijn | **tuna** | **tjoe**ne |
| zalm | **salmon** | **sæ**men |
| (zee)baars | **(sea) bass** | (sie) bæs |

## *Vlees* - Meat [miet]

| kalfsvlees | **veal** | viel |
| lamsvlees | **lamb** | læm |
| rundvlees | **beef** | bief |
| schapenvlees | **mutton** | **mü**ten |
| varkensvlees | **pork** | pook |

## *Gevogelte/wild* - Poultry/game [pooltri/Geem]

| eend | **duck** | dük |
| gans | **goose** | Goes |
| haas | **hare** | **hèe** |
| hert | **venison** | **vè**nisen |
| kalkoen | **turkey** | **tëë**kie |
| konijn | **rabbit** | **ræ**bit |
| parelhoen | **guinea fowl** | **Gi**nie fawl |
| patrijs | **partridge** | **pââ**tridzj |

## *Bereide vleeswaren* - Prepared meats [pripèed miets]

| ham | **ham** | hæm |
| paté | **paté** | **pæ**tee |
| worsten | **sausages** | **so**sidzjiz |

**Prepared meats** - *bereide vleeswaren* of *charcuterie* - heet in bepaalde streken ook **cold cuts** ("koude afsnijdsels"), **lunch meats** ("lunchvlezen"), **deli meats** (**deli** als verkorting van **delicatessen**, zie p. 130), enz.

## *Groenten* - Vegetables [v**è**dzjetebelz]

| | | |
|---|---|---|
| aardappel | **potato** | pe**tee**too |
| andijvie | **chicory** | **tsj**ikeri |
| artisjok | **artichoke** | **ââ**titsjook |
| asperge | **asparagus** | es**pæ**reGes |
| aubergine | **aubergine** | **oo**bezjien |
| avocado | **avocado** | æve**kââ**doo |
| bonen | **beans** | bienz |
| champignons | **mushrooms** | **müsj**roemz |
| courgette | **courgette** | koer**zjèt** |
| erwten | **peas** | piez |
| komkommer | **cucumber** | **kjoe**kümbe |
| kool | **cabbage** | **kæ**bidzj |
| linzen | **lentils** | **lèn**telz |
| mais | **corn** | koon |
| paprika | **(bell) pepper** | (bél) **pè**pe |
| prei | **leek** | liek |
| rode biet | **beetroot** | **biet**roet |
| salade | **salad** | **sæ**led |
| selder(ie) | **celery** | **sè**lerie |
| sla | **lettuce** | **lè**tis |
| spinazie | **spinach** | **spi**nitsj |
| tomaat | **tomato** | te**mââ**too |
| ui | **onion** | **ün**jen |
| wortel | **carrot** | **kæ**ret |

## *Fruit* - Fruit [froet]

| | | |
|---|---|---|
| aardbei/-en | **strawberry/-ies** | **stroo**berie/-iez |
| abrikoos | **apricot** | **ee**prekot |

| ananas | **pineapple** | **pajn**æpel |
|---|---|---|
| appel | **apple** | æpel |
| banaan | **banana** | benââne |
| braambes/-sen | **blackberry/-ies** | **blæk**berie/-iez |
| citroen | **lemon** | lèmen |
| druif | **grape** | Greep |
| framboos/-zen | **raspberry/-ies** | **rââz**berie/-iez |
| kers/-en | **cherry/-ies** | tsjèrie/-iez |
| peer | **pear** | pèe |
| pompelmoes, grapefruit | **grapefruit** | **Greep**froet |
| pruim | **plum** | plüm |
| pruimedant | **prune** | proen |
| sinaasappel | **orange** | orindzj |

En dan zijn er nog **nuts** - *noten*.

## Nagerechten - Desserts *[dizëëts]*

| chocolade | **chocolate** | **tsjo**klet |
|---|---|---|
| gebak | **cake** | keek |
| roomijs | **ice cream** | **ajs**kriem |
| taart | **tart** | tâât |

## Condimenten - Condiments *[kondiments]*

| augurk | **gherkin** | **Gëë**kin |
|---|---|---|
| azijn | **vinegar** | **vi**neGe |
| mosterd | **mustard** | **müs**ted |
| olie | **oil** | ojl |
| olijf~ | **olive ~** | **o**liv ~ |
| peper | **pepper** | **pè**pe |
| zout | **salt** | soolt |

Britten zijn gek op zuurwaren, waarvan vele de term **pickled** inhouden (**pickled onion**, enz.). Een **pickle** is een mengeling van groente ingelegd in azijn, vaak geserveerd bij kaas. Bij **piccalilli** wordt eerder mosterd dan azijn gebruikt als bewaarmiddel.

## Een snelle hap

We zullen het hier niet hebben over de hamburger of hot dog daar die zowat internationaal zijn! Krijgt u echter zin in een typische snelle hap, **a snack**, dan wordt kiezen moeilijk. De pub is de geschikte plaats om uw ontdekkingstocht aan te vatten, vooral als die **"Pub Grub"** ("schranspub") afficheert. Buiten de alomtegenwoordige **ploughman's lunch** ("ploegerslunch": een brood- en kaas maaltijd met salade en **pickles**), zijn er ook:

**Buffalo wings** [bü**fe**loo wingz]: gebakken kippenvleugeltjes

**Chips** [tsjips]: frieten, patat (!)

**Crisps** [krisps]: chips (!)

**Jacket potato** [**dzjæ**kit pe**tee**too]: aardappel in de schil ("in jasje")

**Pork scratchings** [pook **skræ**tsjings]: soort kaantjes

**Scampi and chips** [**skæm**pi ænd tsjips]: gepaneerde scampi met frieten

**Scotch egg** [skotsj èG]: vogelnestje, gehaktbal gevuld met een hardgekookt ei

**Steak and ale pie** [steek ænd eel paj]: taart gevuld met in bruin bier gestoofd rundvlees

**Welsh rabbit** (of **rarebit**) [wèlsj **ræ**bit (**rèer**bit)]: gesmolten kaas op toast.

## Bereidingswijzen

| à point, medium | medium | *mie*di-em |
| --- | --- | --- |
| goed doorbakken | well done | wèl dün |
| saignant, licht gebakken | rare | rèe |

| gebraden | roast | roost |
| --- | --- | --- |
| gefrituurd | fried | frajd |
| gegratineerd | au gratin | oo Grætèn |
| gegrild | grilled | Grild |
| gekookt | boiled | bojld |
| gekruid/heet | spicy/hot | *spaj*si/hot |
| gerookt | smoked | smookt |
| gesmoord | stewed | stjoed |
| gestoomd | steamed | stiemd |
| zoetzuur | sweet and sour | swiet ænd *sa*we |

## Alcoholische dranken en etiquette in de pub

Naast thee is bier de nationale drank, hoewel de consumptie van wijn sinds een paar jaar pijlsnel toeneemt en de Engelse wijnproductie – meer bepaald van witte schuimwijnen – zijn sporen begint te verdienen.

Bij het bestellen van een biertje in een pub preciseert men de gewenste hoeveelheid: **a pint** (*een pint*, 0,56 liter) of **a half-pint** (meestal **a half**), en het soort bier: blond, bruin, enz. Veel pubs serveren **real ale** (of **cask ale**), bier dat "op ouderwetse" wijze gebrouwen wordt zonder bewaar- en andere middelen. Alle bieren, behalve blonde (**lagers**) worden op kamertemperatuur geschonken.

U kunt ook **a shandy** *[sjændie]*, bier gemengd met limonade bestellen.

Weet dat er geen bediening aan tafel is: bestellen gebeurt aan de bar en de bestelling wordt meteen betaald. Een fooi moet niet, maar u kunt een sympathieke ober op een glaasje trakteren: **And one for yourself.**

## Een paar bieren

**Bitter** *[bite]*: amberkleurig, weinig koolzuurhoudend bier met hopsmaak

**Lager** *[lââGe]*: blond bier

**Mild** *[majld]*: zachter en minder hopachtig dan **bitter**

**Pale ale** *[peel eel]*: koperkleurig bier van hoge gisting

**Stout** *[staut]*: bruin bier.

U kunt uw biertje bestellen **draught** *[drââft]* (*van het vat*) – wat het geval is bij **bitter** – of **bottled** *[boteld]* (*uit een flesje*).

*Ik had graag een halve bitter en een halve shandy, alstublieft.*
**I would like a half of bitter and a half of shandy, please.**
*aj woed lajk e hââf ev **bi**ter ænd e hââf ev **sjæn**die pliez*

*Kan ik twee pinten lager en een pakje chips hebben?*
**Can I have two pints of lager and a packet of crisps?**
*kæn aj hæv toe pajnts ev **lââ**Ger ænd e **pæ**kit ev krisps*

*Wat zou u willen drinken?*
**What would you like to drink?**
*wot woed joe lajk toe drink*

*Hoeveel is het?*
**How much is that?**
*haw mütsj iz DHæt*

*Gezondheid!*
**Cheers!**
*tsjieez*

*Laatste bestellingen, dames en heren!*
**Last orders, ladies and gentlemen!**
*lâast oodez leediez ænd dzjèntelmen*
*(zin die de pubuitbater een kwartier voor sluiting uitroept.)*

## Andere dranken

| | | |
|---|---|---|
| *cider* | **cider** | *sajde* |
| *cognac, brandewijn* | **brandy** | *brændie* |
| *gin* | **gin** | *dzjin* |
| *limonade* | **lemonade** | *lèmeneed* |
| *mineraalwater* | **mineral water** | *minerel woote* |
| *bruisend, met prik ~* | **fizzy/sparkling ~** | *fizi/spââkling ~* |
| *niet bruisend, zonder prik ~* | **still ~** | *stil ~* |
| *een vruchtensap* | **a fruit juice** | *e froet dzjoes* |
| *whisky* | **whisky** | *wiski* |
| *wijn...* | **wine** | *wajn* |
| *witte ~* | **white ~** | *wajt ~* |
| *rosé ~* | **rosé** | *roozee* |
| *rode ~* | **red ~** | *rèd ~* |
| *zoete ~* | **sweet ~** | *swiet ~* |
| *droge ~* | **dry ~** | *draj ~* |
| *wodka* | **vodka** | *vodke* |

Sommige pubs serveren koffie en/of thee als er ook een restaurantruimte is, maar dus niet systematisch.

Voor deze warme drankjes kunt u steeds terecht in een of andere **coffee shop** of **coffee bar**, die dikwijls deel uitmaakt van een nationale of internationale keten, of anders in **a café**.

## ↗ Winkelen en souvenirs
### Winkels en diensten

Doorgaans zijn winkels open van maandag tot zaterdag en dit tussen 9u en 17-18u, zonder onderbreking in grote steden en daarbuiten soms met een sluiting van een uur als middagpauze. Banken zijn open van maandag tot vrijdag tussen 9.30u en 17u (in steden soms ook zaterdagmorgen).
Grote en middelgrote steden hebben **convenience stores** ("gemakwinkels") of **corner shops** ("hoekwinkels") - *buurtwinkels, supermarktjes* met langere openingstijden.

Wordt het woord niet gevormd met **shop**, dan krijgt het meestal de bezitsvorm **-'s** toegevoegd in de betekenis van "winkel van…", bijv. **a stationer's**, **a butcher's**.

| een apotheek | a chemist/pharmacist | e **kè**mist/**fââ**mesist |
|---|---|---|
| een bakkerij | a bakery | e **bee**kerie |
| een bank | a bank | e **bæn**k |
| een boekhandel | a book shop/bookshop | e boek sjop/**boek**sjop |
| een groentewinkel | a greengrocer | e **Grien**Groose |
| een hypermarkt | a hypermarket | e **haj**pemâakit |
| | a superstore | e **soe**pestooe |
| een kantoorboekhandel | a stationer | e **stee**sjene |
| een kapper | a hairdresser | e **hèe**drèse |

| | | |
|---|---|---|
| een kledingwinkel | **a clothes shop** | e **kloo**DHz sjop |
| een kruidenier | **a grocer** | e **Groo**se |
| een delicatessenwinkel | **a delicatessen** | e dèlike**tè**sen |
| een markt | **a market** | e **mââ**kit |
| een reisbureau | **a travel agent/agency** | e **træ**vel **ee**dzjent/ **ee**dzjensi |
| een schoenwinkel | **a shoe shop** | e sjoe sjop |
| een slagerij | **a butcher** | e **boe**tsje |
| een slijterij, drankzaak | **an off-licence** | en of-**laj**sens |
| een stomerij | **a dry cleaner** | e draj **klie**ne |
| een supermarkt | **a supermarket** | e **soe**pemââkit |
| een warenhuis | **a department store** | e di**pâât**ment stooe |
| een wassalon | **a launderette** | e **loon**drèt |
| een winkelcentrum | **a shopping centre** | e **sjo**ping **sèn**te |
| | **a shopping mall** | e **sjo**ping mool |

Een typisch Brits fenomeen is de **charity shop** in de winkelstraat: een winkel waar tweedehandsspullen verkocht worden ten voordele van liefdadigheidsorganisaties zoals "**Oxfam**" of "**Save the Children**".

| *Hebt u iets...* | **Do you have anything...** | doe joe hæv **è**niTHing |
|---|---|---|
| *in een andere kleur?* | **in a different colour?** | in e **di**frent **kü**le |
| *goedkoper?* | **cheaper?** | **tsjie**pe |
| *groters?* | **bigger?** | **bi**Ge |
| *kleiners?* | **smaller?** | **smoo**le |

*Ik kijk gewoon.*
**I'm just looking.**
ajm dzjüst **loe**king

*Hoeveel kost dit?*
**How much is this?**
haw mütsj iz DHis

*Het is niet wat ik zoek.*
**It is not what I am looking for.**
it iz not wot aj æm **loe**king for

*Nee, dank u. Dat is het.*
**No thank you. That will be all.**
noo THænk joe DHæt wil bie ool

*Ik zal erover nadenken.*
**I will think about it.**
aj wil THink e**baut** it

*We nemen het.*
**We will take it.**
wie wil teek it

*Kunt u het als geschenk inpakken?*
**Can you gift-wrap it?**
kæn joe Gift ræp it

*Kan ik met een kredietkaart betalen?*
**Can I pay by credit card?**
kæn aj pee baj **krè**dit kââd

## Boeken, tijdschriften, kranten en papierwaren

*Hebt u Nederlandstalige kranten?*
**Do you have any Dutch-language newspapers?**
doe joe hæv èni dütsj **læn**Gwidzj **njoes**peepez

| Ik zou.. willen. | I would like... | aj woed lajk |
|---|---|---|
| een balpen | a ballpoint (pen). | e **bool**pojnt (pèn) |
| een notitieboekje | a notebook. | e **noot**boek |
| post-its, memostickers | sticky notes. | **sti**kie noots |
| een (post)kaartje | a postcard. | e **poost**kââd |

| | | |
|---|---|---|
| *een potlood* | **a pencil.** | e **pèn**sel |
| *een reisgids* | **a guidebook.** | e **Gajd**boek |
| *een stratenplan / een stadsplattegrond* | **a street plan / a city map.** | e **stri**et plæn / e **si**tie mæp |
| *een wegenkaart* | **a roadmap.** | e **rood**mæp |
| *een zakwoordenboek* | **a pocket dictionary.** | e **po**kit **dik**sjenrie |

Wanneer u in Londen bent helpt de **A-to-Z** *[ee toe zèd]*, de stratenatlas van de hoofdstad, u verder.

## Wasserij en stomerij

Op reis hebt u wellicht geen zin om de was te doen!

*Ik zoek een stomerij/wassalon.*
**I am looking for a dry cleaner/launderette.**
*aj æm loeking for e draj kliene/loondrèt*

| *Kunt u dit…* | **Can you…** | kan joe |
|---|---|---|
| *wassen* | **wash** | wosj |
| *strijken* | **iron** | **a**jen |
| *stomen* | **dry clean** | draj klien |
| *… alstublieft?* | **… this, please?** | DHis pliez |

*Wanneer zal het klaar zijn?*
**When will it be ready?**
*wèn wil it bie rèdie*

*Kunt u deze vlekken verwijderen?*
**Can you remove these stains?**
*kæn joe ri**moev** DHiez steenz*

## Kleren en schoenen

Engelse maten verschillen van die op het vasteland. Een overzichtje van de verschillen:

Dameskleding

| NL | 32 | 34 | 36 | 38 | 40 | 42 | 44 | 46 | 48 | 50 |
|----|----|----|----|----|----|----|----|----|----|----|
| FR | 34 | 36 | 38 | 40 | 42 | 44 | 46 | 48 | 50 | 52 |
| UK | 6  | 8  | 10 | 12 | 14 | 16 | 18 | 20 | 22 | 24 |

Damesschoenen

| EUR | 37 | 38 | 39½ | 40½ | 42 |
|-----|----|----|-----|-----|----|
| UK  | 4  | 5  | 6   | 7   | 8  |

Herenschoenen

| EUR | 39½ | 40½ | 42 | 43 | 44½ | 46 | 47 | 49 | 50 |
|-----|-----|-----|----|----|-----|----|----|----|----|
| UK  | 6   | 7   | 8  | 9  | 10  | 11 | 12 | 13 | 14 |

*Ik wil iets zoals dit, alstublieft.*
**I want something like this, please.**
aj wont **süm**THing lajk DHis pliez

*Wat is uw maat?*
**What is your size?**
wot iz jor sajz

*Ik heb maat 10.*
**I take a size ten.**
aj teek e sajz tèn

*Mag ik het passen?*
**Can I try it on?**
kæn aj traj it on

*Waar is het pashokje?*
**Where is the fitting room?**
wèr iz DHe **fi**ting roem

*Ik heb een maat groter/kleiner nodig.*
**I need a size larger/smaller.**
aj nied e sajz **lââ**dzje/**smoo**le

*Past/Staat het me?*
**Does it suit me?**
düz it soet mie

## Kleren

| | | |
|---|---|---|
| een badpak | a bathing costume | e **bee**DHing **kos**tjoem |
| een beha | a bra (van **brassiere**) | e brââ/**bræ**zi-e |
| een ceintuur, riem | a belt | e bèlt |
| een das | a tie | e taj |
| een hoed | a hat | e hæt |
| een jas, mantel | a coat | e koot |
| een jeans, spijkerbroek | a pair of jeans | e pèèr ev dzjienz |
| een jurk | a dress | e drès |
| een lange broek | a pair of trousers | e pèèr ev **trau**zez |
| ondergoed | underwear | **ün**dewèe |
| lingerie | lingerie | **læn**zjerie |
| een (over)hemd | a shirt | e sjëët |
| een pak | a suit | e soet |
| panty | tights | tajts |
| een pyjama | a pair of pyjamas | e pèèr ev pe**dzjââ**mez |
| een regenjas | a raincoat | e **reen**koot |
| een rok | a skirt | e skëët |
| een short | a pair of shorts | e pèèr ev sjoots |
| een slipje/onderbroek | a pair of panties/ underpants | e pèèr ev **pæn**tiez/ **ün**depænts |
| sokken / een paar sokken | socks / a pair of socks | soks / e pèèr ev soks |
| een sweatshirt, sporttrui | a sweatshirt | e **swèt**sjëët |
| een sweater, trui | a sweater | e **swè**te |

Merk op dat voor een kledingstuk "met twee pijpen" (een short, een (lange) broek,...) in het Engels een meervoudsvorm voorafgegaan door **a pair of** (*een paar van*) gebruikt wordt...

*Ik zoek een jeans.*
**I am looking for a pair of jeans.**
*aj æm loeking for e pèèr ev dzjienz*

## Schoenen

| laarzen | **boots** | *boets* |
|---|---|---|
| pantoffels, slippers | **slippers** | ***sli**pez* |
| sandalen | **sandals** | ***sæn**delz* |
| schoenen | **shoes** | *sjoez* |
| sportschoenen | **trainers** | ***tree**nez* |
| teenslippers | **flip-flops** | *flip-flops* |

*Ik zou dit paar sportschoenen willen passen.*
**I would like to try on this pair of trainers.**
*aj woed lajk toe traj on DHis pèèr ev **tree**nez*

*Ze zijn wat te groot/klein.*
**They are a bit too big/small.**
*DHee ââr e bit toe biG/smool*

*Hebt u de maat erboven/eronder?* (de volgende maat op/neer)
**Do you have the next size up/down?**
*doe joe hæv DHe nèkst sajz üp/dawn*

*Welke kleur had u graag?*
**What colour would you like?**
*wot **kü**le woed joe lajk*

## *Kleuren*

| | | |
|---|---|---|
| *beige* | **beige** | *beezj* |
| *blauw* | **blue** | *bloe* |
| *marine~* | **navy blue** | **nee**vie bloe |
| *bruin* | **brown** | *brawn* |
| *geel* | **yellow** | *j**è**loo* |
| *groen* | **green** | *Grien* |
| *rood* | **red** | *r**è**d* |
| *roze* | **pink** | *pink* |
| *wit* | **white** | *wajt* |
| *zwart* | **black** | *blæk* |
| *licht/donker* | **light/dark** | *lajt/dââk* |

## Roken

Sigaretten, tabak, enz. kunt u kopen bij een gespecialiseerde handelaar, **a tobacconist**, maar ook in een *krantenwinkel* (**a newsagent**), *een supermarkt* (**a supermarket**) of zelfs *een slijterij* (**an off-licence**).

Roken is in Groot-Brittannië verboden in de meeste openbare ruimten; sigarettenautomaten zijn verboden in Engeland sinds 2011 en in Wales sinds 2012.

| | | |
|---|---|---|
| *een aansteker* | **a lighter** | *e **laj**te* |
| *een asbak* | **an ashtray** | *en æsjtree* |
| *een lucifer* | **a match** | *e mætsj* |
| *een pakje* | **a packet** | *e pækit* |
| *een sigaar* | **a cigar** | *e si**G**ââ* |
| *een sigaret* | **a cigarette** | *e siGer**è**t* |
| *met/zonder filter* | **filter-tipped/untipped** | *fil*te tipt/**ün**tipt |

*Is roken hier toegestaan?*
**Is smoking allowed here?**
*iz smoo*king e*laud hie*e

*Stoort het u als ik rook?*
**Do you mind if I smoke?**
*doe joe majnd if aj smook*

*Hebt u een vuurtje?*
**Do you have a light?**
*doe joe hæv e lajt*

*VERBODEN TE ROKEN*
**NO SMOKING**

## Fotograferen

Hoewel de meeste toeristen tegenwoordig foto's nemen met een digitaal toestel of een Smartphone zijn er nog liefhebbers van het analoge en afdrukken op papier. Wat toepasselijke woordenschat:

| | | |
|---|---|---|
| *een afdruk* | **a print** | *e print* |
| *glanzend/mat* | **glossy/matt** | *Glo*sie/mæt |
| *een batterij* | **a battery** | *e bæ*trie |
| *een film* | **a film** | *e film* |
| *een filmcamera* | **a cine camera** | *e si*nie **kæ**mre |
| *een flits* | **a flash** | *e flæsj* |
| *een foto* | **a photo** | *e foo*too |
| *een fototoestel* | **a camera** | *e kam*re |
| *een digitaal ~* | **a digital ~** | *e di*dzjitel ~ |
| *een geheugenkaart* | **a memory card** | *e mèm*rie kââd |
| *een negatief* | **a negative** | *e nè*Getiv |
| *een transferkabel* | **a transfer cable** | *e træns*fe **kee**bel |
| *een vergroting* | **an enlargement** | *en in***lââ**dzj*ment* |

*Waar kan ik mijn foto's laten ontwikkelen?*
**Where can I get my photos developed?**
wèe kæn aj Gèt maj **foo**tooz di**vè**lept

*Kunt u deze foto's vandaag afdrukken?*
**Can you print these photos today?**
kæn joe print DHiez **foo**tooz te**dee**

*Ik zou deze hier willen vergroten.*
**I would like to enlarge this one.**
aj woed lajk to in**lââdzj** DHis wün

*Hoe lang zal het duren?*
**How long will it take?**
haw long wil it teek

## Boodschappen doen

Vindt u in de supermarkt of in een grootwarenhuis niet wat u zoekt, dan bieden onderstaande zinnen en woorden een oplossing:

*Excuseert u me, waar is de afdeling...?*
**Excuse me, where is the... section** (supermarkt)/**department** (grootwarenhuis)?
èks**kjoez** mie wèr iz DHe... **sèk**sjen/di**pâât**ment

*Ik zoek een winkelkarretje/mandje.*
**I am looking for a shopping trolley/basket.**
aj æm **loe**king for e **sjo**ping **tro**lie/**bââs**kit

*Kunt u me zeggen waar de kassa's zijn?*
**Can you tell me where the checkouts are?**
kæn joe tèl mie **wè**e DHe **tsjèk**auts ââ

*Daarzo/Hierzo.*
**Over there/here.**
**oo**ve **DHè**e/**hie**e

## Accessoires en toiletartikelen

| aftershave | aftershave | **ââf**tesjeev |
|---|---|---|
| een borstel | a brush | e brüsj |
| hand-/gezichtscrème | hand/face cream | hænd/fees kriem |
| een kam | a comb | e koom |
| een maandverband/ tampon | a sanitary towel/ tampon | e **sæ**netri **ta**wel/ **tæm**pon |
| nagelschaar | nail scissors | neel **si**zez |
| een nagelvijl | a nail file | e neel fajl |
| oogschaduw | eyeshadow | **aj**sjadoow |
| een papieren zakdoekje | a tissue | e **ti**sj(j)oe |
| reinigingsmelk | cleansing milk | **klèn**zing milk |
| scheercrème/-schuim | shaving cream/foam | **sjee**ving kriem/foom |
| een scheermesje | a razor blade | e **ree**ze bleed |
| shampoo | shampoo | sjæm**poe** |
| een tandenborstel | a toothbrush | e **toeTH**brüsj |
| tandpasta | toothpaste | **toeTH**peest |
| toiletpapier | toilet paper | **toj**let **pee**pe |
| watten | cotton wool | **ko**ten woel |
| zeep | soap | soop |
| zonnecrème | sun cream | sün kriem |

## *Schoonmaakmiddelen en dergelijke*

| | | |
|---|---|---|
| afwasmiddel | washing-up liquid | **wo**sjing üp **li**kwid |
| aluminiumfolie | tin foil / aluminium foil | tin fojl / al(j)e**mi**njem fojl |
| een bezem | a broom | e broem |
| een blikopener | a tin opener | e tin **oo**pene |
| een borstel | a brush | e brüsj |
| een flesopener | a bottle opener | e **bo**tel **oo**pene |
| huishoudfolie | cling film | kling film |
| een kurkentrekker | a corkscrew | e **kook**skroew |
| lucifers | matches | **mæ**tsjiz |
| een papieren servet | a paper napkin | e **pee**pe **næp**kin |
| een spons | a sponge | e spündzj |
| waspoeder | washing powder | **wo**sjing **pau**de |

## Souvenirs en cadeautjes

Iets meebrengen van op reis?! Keuze te over, maar deze dingen doen zeker plezier (kies zelf de slagzin erop, bijv. **I ♡ LONDON**) :

| | | |
|---|---|---|
| een boodschappentas | a tote bag | e toot bæG |
| een koelkastmagneet | a fridge magnet | e fridzj **mæG**net |
| een onderzetter | a coaster | e **koo**ste |
| een sleutelhanger | a key ring | e kie ring |
| een spaarpot | a money box | e **mü**nie boks |
| een theepot | a tea pot | e tie pot |
| een theetrommel | a tea caddy | e tie **kæ**die |

Als u iets eet-/drinkbaars wil meebrengen, dan is er niet alleen thee, jam van bittere sinaasappelen (**marmalade**) of **Marmite**® (zie p. 115, niet door iedereen lekker bevonden...). Ga ook eens voor **shortbread**, heerlijke Schotse zanddeegkoekjes, of de heel traditionele **Gentleman's Relish**, smeerpasta op basis van ansjovis, boter en kruiden.

*Ik zoek een geschenk voor mijn...*
**I am looking for a gift for my...** (zie p. 64-65, Familie)
aj æm **loe**king for e Gift fo maj

*Ik wil niet meer uitgeven dan...*
**I don't want to spend more than...**
aj doont wont toe spènd **moo**e Thæn

## ↗ Professionele situaties
### Een afspraak regelen

*Mag ik vragen wie ik aan de lijn heb? Spreekt u Nederlands?*
**May I ask who's calling?**          **Do you speak Dutch?**
mee aj ââsk hoez **koo**ling          doe joe spiek dütsj

*Kan ik Mr./Mw./Juffr. ... spreken?*
**Can I speak to Mr/Mrs/Ms...?**
kæn aj spiek toe **mis**te/**mi**siz/miz

*Ik zou een afspraak willen maken met...*
**I would like to make an appointment with...**
aj woed lajk toe meek en e**pojnt**ment wiDH

*Wanneer zal hij/zij vrij zijn?*
**When will he/she be free?**
*wèn wil hie/sjie bie frie*

*Kan ik een boodschap achterlaten?*
**Can I leave a message?**
*kæn aj liev e **mè**sidzj*

*Dit is mijn mobiel/vast nummer.*
**Here is my mobile/landline number.**
*hier iz maj **moo**bajl/**lænd**lajn **nüm**be*

## Een bedrijf bezoeken

*Ik heb een afspraak met Mr./Mw./Juffr. ...*
**I have an appointment with Mr/Mrs/Ms...**
*aj hæv en e**pojnt**ment wiTH **mis**te/**mi**siz/miz*

*Zou u hem/haar kunnen zeggen dat Mr./Mw./Juffr. ... is aangekomen?*
**Could you tell him/her that Mr/Mrs/Ms... has arrived?**
*koed joe tèl him/her DHæt **mis**te/**mi**siz/miz ... hæz e**raj**vd*

*Mag ik uw telefoon gebruiken?*
**May I use your phone?**
*mee aj joez jor foon*

*Hebt u een wifiverbinding?*
**Do you have a wifi connection?**
*doe joe hæv ë wajfaj ke**nèk**sjen*

*Ik moet een fax/een e-mail verzenden.*
**I need to send a fax / an email.**
*aj nied toe sènd e fæks / en **ie**meel*

*Dank u voor uw tijd.*
**Thank you for your time.**
*THænk joe for jor tajm*

*Ik neem binnenkort opnieuw contact op met u.*
**I will get back to you shortly.**
aj wil **Gèt** bæk toe joe **sjoo**tli

## Bedrijfstermen

| een onderneming | a company | e **küm**penie |
|---|---|---|
| de ...afdeling | the ... department | DHe ... di**pâât**ment |
| boekhouding | accounting | e**kaun**ting |
| financiële communicatie | investor relations | in**vès**te ri**lee**sjenz |
| informatica | IT | aj**tie** |
| marketing/sales, verkoop | marketing/sales | **mââ**keting/seelz |
| personeelszaken | human resources / personnel | **hjoe**men ri**soo**siz/ **pëë**se**nèl** |

## Personeel

| de voorzitter | the chairman | DHe **tsjèe**men |
|---|---|---|
| de algemeen directeur | the Chief Executive Officer (CEO) | DHe tsjief i**Gzèk**joetiv **o**fise (sie-ie-oo) |
| de financieel directeur | the Chief Financial Officer (CFO) | DHe tsjief faj**næn**sjel **o**fise (sie-éf-oo) |
| directeur | director/manager | daj**rèk**te/**mæ**nedzje |
| afdelingshoofd | head of department | hèd ev di**pââ**tment |
| werknemer | employee | im**plo**jie |

Ieder bedrijf heeft z'n eigen woordgebruik, zowel met betrekking tot de interne organisatie (de commerciële dienst kan **the Sales Department**, **the Business Development Department**, enz. genoemd worden), de staf (*de algemeen directeur* - **the Managing Director**, **the Chief Executive**, enz.) als de boekhoudkundige of financiële terminologie. Het loont de moeite dit op voorhand na te gaan.

## *Kantoormateriaal*

| | | |
|---|---|---|
| een bureau (meubel) | a desk | e dèsk |
| een kantoor | an office | en ofis |
| een bestand/dossier/map | a file | e fajl |
| een archiefkast | a filing cabinet | e fajling kæbinèt |
| een fax | a fax | e fæks |
| een fax(toestel) | a fax machine | e fæks mesjien |
| een fotokopieerapparaat | a photocopier | e footookopi-e |
| een gsm, mobieltje | a mobile | e moobajl |
| een laptop | a laptop | e læptop |
| een werkplek, -station | a workstation | e wëëksteesjen |

## *Informatica*

Een paar veel gebruikte termen:

| | | |
|---|---|---|
| een bestand | a file | e fajl |
| een computer | a computer | e kempjoete |
| een e-mailadres | an email address | en iemeel edrès |
| een gebruikers-identificatie | a user ID | e joezer ajdie |
| een inbox, postvak in | an inbox | en inboks |
| een muis | a mouse | e maus |
| een pas-, wachtwoord | a password | e pââswëëd |
| een printer | a printer | e printe |
| een programma | a program | e prooGræm |
| software | software | softwèe |
| een scherm | a screen | e skrien |
| een tablet | a tablet | e tæblet |
| een toetsenbord | a keyboard | e kiebooed |
| een USB-, geheugenstick | a flash drive / memory stick | e flæsj drajv / mèmerie stik |
| een website | a website | e wèbsajt |

| | | |
|---|---|---|
| *apenstaart, at* | **at** | *æt* |
| *downloaden, binnenhalen* | **to download** | *toe **dawn**lood* |
| *onderstrepingsteken( _ )* | **underscore** | *ündeskoor* |
| *punt* | **dot** | *dot* |
| *streepje/koppelteken (-)* | **dash/hyphen** | *dæsj/**haj**fen* |

*Mijn e-mailadres is tim-winton@zmail.com.*
**My email address is tim dash winton at zmail dot com.**
*maj iemeel ed**rès** iz tim dæsj **win**ten æt **zèd**meel dot kom*

## Beurzen, salons en expo's

*Ik ben hier voor...*
**I am here for...**
*aj æm **hie**e fo(r)*

*Waar is de bezoekersingang?*
**Where is the visitors' entrance?**
*wèr iz DHe **vi**zitez **èn**trens*

*Waar moet ik me inschrijven?*
**Where do I register?**
*wèe doe aj **rè**dzjiste*

| | | |
|---|---|---|
| *een algemene vergadering* | **a general meeting** | *e **dzjèn**rel **mie**ting* |
| *een beurs* | **a fair** | *e **fèe*** |
| *een bijeenkomst* | **a meeting** | *e **mie**ting* |
| *een conferentie, congres* | **a conference** | *e **kon**frens* |
| *een hal / een tentoonstellingsruimte* | **a hall / an exhibition hall** | *e hool / en èksi**bi**sjen hool* |
| *een lezing* | **a lecture** | *e **lèk**tsje* |
| *een salon een auto~* | **an exhibition / a show a motor show** | *en eksi**bi**sjen / e sjoow e **moo**te sjoow* |
| *een stand* | **a stand / a booth** | *e stænd / e boeTH* |
| *een tentoonstelling* | **an exhibition** | *en eksi**bi**sjen* |

## ↗ Gezondheid
### Bij de dokter en op de spoed

Het openbare ziektekostenverzekeringssysteem, waarvan dokters en ziekenhuizen afhangen, wordt beheerd door het **National Health System**, bekend onder het letterwoord **NHS** *[èn eetsj ès]*. Een spreekkamer van een dokter heet meestal **a surgery**, lett. *een chirurgie*. Dikwijls gaat het om een groepspraktijk van artsen (**GP = general practitioner**) binnen een **health centre** (gezondheidscentrum) of een **clinic**.

*Ik moet een dokter zien/raadplegen.*
**I need to see a doctor.**
*aj nied toe sie e **dok**te*

*Wat zijn de spreekuren?*
**What are the surgery hours?**
*wot ââ DHe **sëë**dzjerie **a**wëz*

*Is er een dokter die Nederlands spreekt?*
**Is there a doctor who speaks Dutch?**
*iz DHèr e **dok**te hoe spieks dütsj*

*Ik ben diabeticus/zwanger.*
**I am diabetic/pregnant.**
*aj æm daje**bè**tik/**prè**Gnent*

*Mijn man/vrouw heeft een hartaandoening.*
**My husband/wife has a heart condition.**
*maj **hüz**bend/wajf hæz e hâât ken**di**sjen*

147

*Ik ben al ... dagen ziek.*
**I have been ill for ... days.**
aj hæv bien il fo(r) ... deez

## Noodgeval

*Roep snel een dokter/een ziekenwagen!*
**Call a doctor / an ambulance quickly!**
kool e **dok**te / en **æm**bjelens **kwik**li

*Ik moet naar de Spoedafdeling.*
**I need to go to the Accident and Emergency department.**
aj nied toe Goo toe DHi **æk**sident ænd i**mëë**dzjensie di**pââ**tment

*Waar is het dichtstbijzijnde ziekenhuis?*
**Where is the nearest hospital?**
wër iz DHe **nie**rest **hos**pitel

*Ik ben gewond.*
**I am injured.**
aj æm **in**dzjed

## Symptomen

*Ik denk dat ik ga overgeven.*
**I think I am going to vomit.**
aj THink aj æm **Goo**ing toe **vo**mit

*Ik ben verstopt.*
**I am constipated.**
aj æm **kon**stipeetid

*Ik bloed.*
**I'm bleeding.**
ajm **blie**ding

*Ik hoest veel.*
**I am coughing a lot.**
aj æm **ko**fing e lot

| Ik heb... | I have... | aj hæv |
|---|---|---|
| astma. | asthma. | **æs**më |
| diarree. | diarrhoea. | daje**rie**je |
| duizelingen. | dizzy spells. | **di**zie spëlz |

| | | |
|---|---|---|
| een hoge bloeddruk. | **high blood pressure.** | haj blüd **près**je |
| hooikoorts. | **hay fever.** | hee **fie**ve |
| koorts. | **a high temperature.** | e haj **tèm**pretsje |
| krampen. | **cramps.** | kræmps |
| een voedselvergiftiging. | **food poisoning.** | foed **poj**zening |
| een zonnesteek, -slag. | **sunstroke.** | **sün**strook |

## Pijn en lichaamsdelen

### Pijn

| Ik heb.... | I have... | aj hæv |
|---|---|---|
| hoofdpijn. | **a headache.** | e **hèd**eek |
| keelpijn. | **a sore throat.** | e **soo**e THroot |
| maagpijn. | **a stomach ache.** | e **stü**mek eek |
| oorpijn. | **an ear ache.** | en ier eek |
| rugpijn. | **backache.** | **bæk**eek |

### Lichaamsdelen

| arm | **arm** | âãm |
|---|---|---|
| been | **leg** | lèG |
| been, bot | **bone** | boon |
| blaas | **bladder** | **blæ**de |
| bloed | **blood** | blüd |
| duim | **thumb** | THüm |
| enkel | **ankle** | **æn**kel |
| gezicht | **face** | fees |
| hand | **hand** | hænd |
| hart | **heart** | hâât |
| hoofd | **head** | hèd |
| huid | **skin** | skin |

| | | |
|---|---|---|
| *keel* | **throat** | *THroot* |
| *lever* | **liver** | ***li**ve* |
| *long* | **lung** | *lüng* |
| *maag* | **stomach** | ***stü**mek* |
| *mond* | **mouth** | *mauTH* |
| *nek* | **neck** | *nèk* |
| *neus* | **nose** | *nooz* |
| *nier* | **kidney** | ***kid**nie* |
| *oog* | **eye** | *aj* |
| *oor* | **ear** | ***ie**e* |
| *rib* | **rib** | *rib* |
| *rug* | **back** | *bæk* |
| *teen* | **toe** | *too* |
| *tong* | **tongue** | *tüng* |
| *vinger* | **finger** | ***fin**Ge* |
| *voet (voeten)* | **foot (feet)** | *foet (fiet)* |
| *wervelkolom* | **spine** | *spajn* |

## Bij de vrouwenarts

| | | |
|---|---|---|
| *baarmoeder* | **uterus** | ***joe**teres* |
| *contraceptie* | **contraception** | *kontre**sèp**sjen* |
| *eierstok* | **ovary** | ***oo**verie* |
| *gynaecoloog/-oge* | **gynaecologist** | *Gajne**ko**ledzjist* |
| *menopauze* | **menopause** | ***mè**nepooz* |
| *menstruatie* | **period(s)** | ***pier**jed(z)* |
| *de pil* | **the Pill** | *DHe pil* |
| *vagina* | **vagina** | *ve**dzjaj**ne* |

*Ik ben drie maanden zwanger.*
**I am three months pregnant.**
aj æm THrie münTHs **prèG**nent

*Ik neem de pil.*
**I am on the Pill.**
aj æm on DHe pil

*Mijn menstruatie blijft uit.*
**I missed my last period.**
aj mist maj lââst **pie**rjed

## Medische zorgen

*Het is niet erg/ernstig.*
**It's not serious.**
its not **sie**rjes

*U moet een paar dagen in bed blijven.*
**You need to stay in bed for a few days.**
joe nied toe stee in bèd for e fjoe deez

*Ik schrijf u antibiotica/medicatie voor.*
**I'm prescribing you some antibiotics/drugs.**
ajm pri**skraj**bing joe süm æntiebaj**o**tiks/drüGz

*Bent u allergisch voor iets?*
**Do you have any allergies?**
doe joe hæv **è**ni **æ**ledzjiez

*U zal naar het ziekenhuis moeten.*
**You'll have to go to hospital.**
joel hæv to Goo toe **hos**pitel

*U moet een specialist raadplegen.*
**You need to see a specialist.**
*joe nied toe sie e **spè**sjelist*

*Dit is het voorschrift/recept.*
**Here's the prescription.**
*hieez DHe pri**skrip**sjen*

## Diagnose

| U hebt... | You have... | joe hæv |
|---|---|---|
| een breuk. | a fracture. | e **fræk**tsje |
| griep. | (the) flu. | floe |
| hemorroïden, aambeien. | haemorrhoids. | **hè**merojdz |
| een hernia. | a hernia. | e **hëë**ni-e |
| een discusuitstulping. | a slipped disc. | e slipt disk |
| een indigestie. | indigestion. | indi**dzjèst**sjen |
| een infectie. | an infection. | en in**fèk**sjen |
| een keelontsteking. | a sore throat. | e **soo**e THroot |
| een maagzweer. | an ulcer. | en **ül**se |
| een ontwrichting. | a dislocation. | e disle**kee**sjen |
| een pneumonie, longontsteking. | pneumonia. | njoe**moo**ni-e |
| een spierscheuring. | a torn muscle. | e tooen **mü**sel |
| een stijve nek. | a stiff neck. | e stif nèk |
| een verstuiking. | a sprain. | e spreen |
| een virus. | a virus. | e **vaj**res |
| een voedselvergiftiging. | food poisoning. | foed **poj**zening |
| een zonnesteek, -slag. | sunstroke. | **sün**strook |
| een zwelling. | swelling. | **swè**ling |

## Bij de tandarts

Sommige tandartsen zijn geconventioneerd, werken dus met het **NHS**, doch de meesten werken privé.

| *een abces* | **an abscess** | *en æbsès* |
| *een gaatje* | **a cavity** | *e kævetie* |
| *een gebit* | **dentures** | *dèntsjez* |
| *een kies* | **a molar** | *e moole* |
| *een tand* | **a tooth** | *e toeTH* |
| *een tandarts* | **a dentist** | *e dèntist* |
| *een vulling* | **a filling** | *e filing* |

*Waar kan ik een tandarts vinden?*
**Where can I find a dentist?**
*wèe kæn aj fajnd e dèntist*

*Deze tand doet pijn.*
**This tooth hurts.**
*DHis toeTH hëëts*

*Ik heb een abces.*
**I have an abscess.**
*aj hæv en absès*

*Ik heb een vulling verloren.*
**I have lost a filling.**
*aj hæv lost e filing*

## Bij de opticien

| *bril* | **glasses/spectacles** | *Glââsiz/spèktekelz* |
| *optische ~* | **prescription glasses** | *priskripsjen Glââsiz* |
| *zonne~* | **sunglasses** | *sünGlââsiz* |
| *een brillenglas* | **a lens** | *e lènz* |
| *contactlenzen* | **contact lenses** | *kontækt lènziz* |
| *harde/zachte ~* | **hard/soft ~** | *hââd/soft ~* |
| *montuur* | **frames** | *freemz* |
| *een oogmeting* | **an eye test** | *en aj tèst* |

*Ik heb mijn bril gebroken. Kunt u hem herstellen?*
**I have broken my glasses. Can you repair them?**
*aj hæv brooken maj Glââsiz. kæn joe ripèèe DHem*

*Ik heb zachte contactlenzen nodig.*
**I need some soft contact lenses.**
aj nied süm soft **kon**takt **lèn**ziz

*Verkoopt u zonnebrillen?*
**Do you sell sunglasses?**
doe joe sèl **sün**Glââsiz

## In de apotheek

*Ik zoek een apotheek.*
**I am looking for a chemist.**
aj æm **loe**king for e **kè**mist

*Ik ben allergisch voor...*
**I am allergic to...**
aj æm e**lëë**dzjik toe

| Ik heb iets nodig voor/tegen... | I need something for... | aj nied **süm**THing fo(r) |
|---|---|---|
| een beet. | a bite. | ee bajt |
| een blaar. | a blister. | e **blis**te |
| diarree. | diarrhoea. | daje**rie**je |
| de hoest. | a cough. | e kof |
| hoofdpijn. | a headache. | e **hè**deek |
| een kater. | a hangover. | e **hæng**oove |
| keelpijn. | a sore throat. | e **soo**e THroot |
| reisziekte. | travel sickness. | **træ**vel **sik**nis |
| een steek. | a sting. | e sting |
| verkoudheid. | a cold. | e koold |
| zeeziekte. | seasickness. | **sie**siknis |
| zonnebrand. | sunburn. | **sün**bëën |

| Hebt u...? | Do you have...? | doe joe hæv |
|---|---|---|
| aspirine | **aspirin** | **æ**sprin |
| druppels neus~/oor~/oog~ | **drops nose/ear/eye ~** | drops nooz/**ie**-e/aj ~ |
| hoestsiroop | **cough syrup** | kof **si**rep |
| insectenwerend middel | **insect repellent** | **in**sèkt rip**è**lent |
| jodium | **iodine** | **a**jedien |
| keelpastilles | **throat lozenges** | THroot **lo**zindzjiz |
| een laxeermiddel | **a laxative** | e **læk**setiv |
| een mondspoelmiddel | **a mouthwash** | e **mau**TH**w**osj |
| een ontsmettingsmiddel | **a disinfectant** | e disin**fèk**tent |
| pijnstillers | **painkillers** | **peen**kilez |
| pleisters | **plasters** | **plåås**tez |
| slaappillen | **sleeping pills** | **slie**ping pilz |
| een thermometer | **a thermometer** | **THe**mo**m**ite |
| een verband | **a bandage** | e **bæn**didzj |
| watten | **cotton wool** | **ko**ten woel |
| zetpillen | **suppositories** | se**po**zetriez |

# Thematische index

## A
Aanspreekvormen **58**
Accessoires **140**
Afkortingen **82**
Afspreken - professioneel **142-143**
Afspreken - vriendschappelijk **71-72**
Akkoord of niet **59**
Ambassade/consulaat **105**
Apotheek **154-155**
Auto **88**
Auto-onderdelen **94**
Autopech **93**
Autorijden **92**
Autoverhuur **91**

## B
Bank **106-107**
Bedrijfsafdelingen **145**
Bedrijfspersoneel **144**
Begroetingen **57-58**
Beroepen **66-67**
Bestellen (restaurant) **118-119**
Bezienswaardigheden **99-100**
Bezoek **98-101**; **146**
Bier **127-128**
Bioscoop **100-101**
Boeken **132-133**
Boodschappen **139-140**
Boot **90-91**
Bus **98**

## C
Charcuterie **123**
Concert **100-101**
Condimenten **125**
Consulaat/ambassade **105**

## D
Dagen **75**
Dagindeling **73**
Datum **75-76**
Dessert **121**; **125**
Diefstal/verlies aangeven **105-106**
Dokter - bezoek **147-148**
Dokter - diagnose, zorgen **151-152**
Dokter - symptomen **148-149**
Douane **83**
Dranken **127-130**

## E
E-mail **104-105**; **145-146**
Eten - bereidingen **127**
Eten - producten **122-125**
Eten - restaurant **118-120**
Eten - specialiteiten **115**; **120-122**

## F
Familie **64-65**
Feestdagen **78-79**
Ferry **90-91**
Fiets **89-90**; **108**

Foto **138-139**
Fruit **124-125**

## G
Garage **93**
Geld **84**; **106-107**
Gevoelens **70**
Gevogelte **123**
Gezin **64-65**
Gezondheidsproblemen **147-155**
Godsdienst **67-68**
Groenten **124**

## H
Hotel - afrekenen **116-117**
Hotel - diensten **113**
Hotel - problemen **115-116**
Hotel - receptie **112-113**
Hotel - reserveren **111-112**
Hulp **79-81**; **79-81**; **148**

## I
Infoborden **81-82**
Informatica **145-146**
Internet **104-105**

## K
Kamperen **109-110**
Kleren **135-136**
Kleren passen **134-135**
Kleuren **137**
Kranten **132**

## L
Landen **63**
Leeftijd **64**
Lichaamsdelen **149-150**
Liefde **72**

## M
Maanden **75**
Meningen **70**
Metro **98**
Motor **89-90**
Museum **98-99**

## N
Nachtclub **101**
Nationaliteit **62-63**
Noodnummers **79**

## O
Onderhoudsproducten **141**
Ongeval (op de weg) **80**; **148**
Ontbijt **113-115**
Ontmoeting **61-62**
Opticien **153-154**
Overnachten **110-112**

## P
Papierwaren **132-133**
Pijn **149**
Politie **105-106**
Post **102**
Pub (Public House) **117**; **126-130**

## R
Restaurant - afrekenen **119**
Restaurant - problemen **119-120**
Restaurant - reserveren **118**
Restaurant - snacks **126**
Roken **137-138**

## S
Schoenen **134**, **136**
Seizoenen **77**
Snacks **126**
Souvenirs **141-142**
Specialiteiten (culinair) **115**; **120-122**
Spoedgeval **79-80**; **147-148**
Sporten **107-108**
Stad **95-97**
Stomerij **133**
Strand **107-108**
Studeren **67**

## T
Tandarts **152-153**
Taxi **89**
Telefoneren **102-104**
Tentoonstelling **98-99**; **146**
Theater **100-101**
Tijdsaanduidingen **72-78**
Toiletartikelen **140**
Tram **98**
Trein **86-87**

## U
Uitnodiging **70-71**
Uur **72-74**

## V
Verkeersborden **94**
Verlies/diestal aangeven **105-106**
Verzorging (medisch) **151-152**
Vis **122-123**
Vlees **123**; **127**
Vliegtuig **84-85**
Voorstellen (zich ~) **61**
Vraagwoorden **59-60**
Vrouwenarts **150-151**
Wasserij **133**
Weer **69**
Weg (vragen/tonen) **92**; **95-97**
Wild **123**
Winkelen **131-132**
Winkels **130-131**

## Z
Zwembad **107-108**

Engels - Uitgavenr: 3608
Gedrukt in januari 2017 in Slovenië